凛々た[illegible]生

志を貫いた[illegible]姿

月尾嘉男

遊行社

まえがき

新型コロナウイルスは世界規模のパンデミックをもたらしていますが、残念ながら日本の対応は各国と比較しても十分ではありませんでした。今回以前の類似の事件は約一〇〇年前に発生したスペイン風邪の流行で、体験した人々は皆無ですから仕方がなかったかもしれませんが、問題は想像する能力の欠如でした。

二〇世紀の自動車新世界を開拓したH・フォードに「想像できることは何事も実現できる」という名言がありますが、反対に解釈すれば、想像できないことは実現できないということになります。だれも経験したことのない事態に対応するためには最初の一歩として、パンデミックにより社会に発生する事態を想像することでした。

しかし、映画俳優のC・チャプリンの「想像できても行動しなければ意味がない」という言葉のように、実現する意欲や能力が欠如していれば、フォードの言葉のようにはなりません。この書物で紹介した二三人は前著『清々しき人々』（二〇一八）で紹介した二三人と同様、苦難を打破して想像したことを実現した人々です。

人工知能が一気に進歩し、将棋や囲碁では人間を蹴散らし、教育や医療でも一部では人間を代替しはじめています。しかし、想像することは依然として人間が優位にあります。これら二三人の人々が、凛々たる意思を背後にして、どのように想像し、どのように行動したかを理解していただくことを期待しています。

残念ながら低迷から脱出できない日本の状況を打破するために、人々が想像する能力と行動する意欲を涵養する一助になればと月刊新聞『モルゲン』に連載している拙文を一冊にしたのが本書です。連載の機会をいただいている本間千枝子編集長をはじめ遊行社の皆様に感謝します。

前著と同様、歴史が専門ではない筆者が古今東西の偉人の生涯を紹介するためには多数の書籍やウェブサイトを参照しております。しかし学術書籍ではないため、それらの紹介は割愛させていただいております。年号については基本は西暦を使用し、日本の年号に意味がある場合のみ併記しております。

令和三年晩春

月尾嘉男

目次

挿画／浅見　麻耶

権威に対抗した偉大な植物学者

牧野富太郎

（1862-1957）

生物を命名する方法

地球は生命の惑星といわれることがあります。実際、陸上、地中、水上、水中、空中などあらゆる場所に生物は棲息しています。しかし、どれくらいの種類の生物が存在しているかについては正確な数字が存在しません。国際連合環境計画が約八七〇万種の生物が生息しているという数字を発表していますが、大略の内訳は動物が七八〇万種、植物が三〇万種、菌類が六〇万種です。

しかし、そのうち人間が発見した生物は一七五万種程でしかなく、大半は人間にとって未知の生物です。人間が発見した生物は哺乳動物が六〇〇〇種、鳥類が九〇〇〇種、昆虫が九五万種、植物が二七万種程度で、これらには一定の規則によって学名が付与されています。その命名の規則はスウェーデンの博物学者C・フォン・リンネが一七三五年に出版した『自然の体系』で提案しています。

生物の分類は動物、植物、菌類と分類する大枠の「界」から出発し、次第に「門」「綱」「目」「科」「属」「種」と細分していく体系で分類されています。一例としてヒトは「動物界」「脊索動物門」「哺乳綱」「サル目」「ヒト科」「ヒト属（ホモ）」そして種は「サピエンス」となりますが、この最後の「属」と「種」を、当時の科学分野の共通言語ラテン語で表記するというのがリンネの提案した方法で「二命名法」といいます。

ヒトは「ホモ・サピエンス」となりますが、これはリンネが命名した名称で「英知あるヒト」という意味です。それ以外にH・ベルクソンが名付けた「ホモ・ファーベル（工作するヒト）」、J・ホイジンガによる「ホモ・ルーデンス（遊戯するヒト）」、E・カッシーラによる「ホモ・シンボリクス（象徴を操作するヒト）」などの名称もありますが、これは生物としての名前ではなく、人間の特性を表現するために文化人類学者などが名付けた名前です。

高知の商家に誕生した植物学者

生物の命名の権利は新種を発見した人間に付与されますが、植物について、生涯に六〇〇〇種以上の新種を発見し、それらに命名した植物学者牧野富太郎を紹介します。

高知からJR四国の土讃線で西側へ一四番目に佐川という駅があります。明治維新直前の一八六二年に土佐国佐川村（高知県佐川町）の酒造と雑貨販売を家業とする「佐川の岸屋」で通用する裕福な商家に長男として誕生したのが富太郎でした。

富太郎が三歳のときに父親の佐平が、五歳のときに母親の久寿が、六歳のときに祖父の小左衛門が病死し、祖母の浪子に養育されます。祖母は寛容な性格で、番頭が富太郎のために購入してくれた当時は貴重な時計を分解してしまったときも叱責しなかったという逸話があります。一〇歳になった一八七二年に地元の土居謙護が運営する寺子屋に入学し、勉強においても運動においても目立つ存在に成長していきます。

さらに翌年、伊藤徳裕の運営する伊藤塾で漢籍を、佐川藩深尾家の藩校の名教館で英語、数学、物理、経済など西洋の学問を勉強します。一八七四年の学制発布によって名教館が佐川小学校になり、そこへ通学しますが、授業に満足できず二年で退学してしまいます。その時期から植物採集に興味をもち、『重訂本草綱目啓蒙』『救荒本草』などの辞書で植物の名前を暗記し、実際の植物の写生もし、植物学者になる基礎を蓄積していきます。

一八八一年、東京の上野で開催された第二回内国勧業博覧会の見学と書籍の購入のため上京し、上野の博物館長や農商務省博物局長を経験した田中芳男に面会し、帰路は日光、箱根などで植物採集をして帰郷、さらに地元でも高知の西端の足摺から柏島にまで植物採集のために遠出しています。物怖じしない性格で、著名な植物学者である伊藤圭介に質問の手紙を送付するなど、植物の研究に本格没入していきます。

一八八四年には再度上京、大胆にも日本の植物研究の頂点にある東京大学理学部植物学教室に矢田部良吉教授と松村任三《じんぞう》助教授を訪問し、教室に出入りして文献や資料を自由に閲覧していいという許可まで取得します。矢田部は明治初期にアメリカのコーネル大学に留学して植物学教室の初代教授になった俊才、松村はE・モースの大森貝塚発掘に参加した学者ですが、それら大物を躊躇せず訪問したことに、富太郎の情熱が感得できます。

さらに大胆なことに、二五歳になった一八八七年、植物学教室の大久保三郎、田中延次郎、染谷徳五郎たちと共同で『植物学雑誌』を創刊し、自身で巻頭論文を執筆しています。この雑誌は現在も日本植物学会から継続して刊行されており、日本で最古の植物学誌となっています。翌年には小澤寿衛と結婚して東京の根岸に居住し、植物図鑑に相当する『日本植物志図篇』を自分で図版を描写し、自費で刊行を開始します。

大学との確執で波乱万丈

このような行動が可能であったのは実家の財産の恩恵ですが、東京と高知を頻繁に往復し、費用がかかる図鑑を自費で出版するなどしていたため、実家は没落していきます。そのような事態にもかかわらず植物採集に熱中し、一八八九年にはヤマトグサと命名する新種の植物を発見して『植物学雑誌』に発表、さらに翌年には世界各地に隔離分布するムジナモを東京で発見、それを学術論文として発表したことにより有名になります。

ところが、学者として成果を発表しはじめた時期に、矢田部教授より植物学教室への出入を禁止されてしまいます。表向きの理由は大学でも植物図鑑を発行するから勝手に書物や標本を閲覧することを禁止するということでしたが、富太郎が東京大学教授という日本で最高の地位にある矢田部教授に相応の敬意を表明しないことや、富太郎が大学の多数の蔵書を長期に借用して返却しなかったことだともされています。

理由はともかく、東京の拠点を喪失した富太郎は実家の家財整理のために一旦帰郷し、地元の植物を研究していましたが、知人らの助力により、二年が経過した一八九三年に東京の駒場に創設された帝国大学農科大学で研究が継続できるようになり帰京します。さらに矢田部教授が退任して主任となった松村教授から帝国大学理科大学に月給一五円の助手として採用され、ようやく一息つくことになりました。

しかし、金銭感覚の希薄な富太郎が助手の月給で一家の生計を維持しながら、研究一途の生活を継続するのは容易ではなく、家賃が支払えないために家財道具一切が競売になったことさえありました。この困窮した家計を支援するために、夫人が渋谷区荒木町（渋谷区円山町）に料亭を経営しますが、これも当時では異例のことで、帝国大学の学者の夫人が料亭を経営するとは何事かという非難の対象になりました。

この夫人は井伊直弼の系譜の武家の出自とされ、夫婦には一三人の子供が誕生し、六人が成人になっていますが、料亭の経営による収入で東京都大泉村（東京都練馬区東大泉）に七〇〇坪の土地を借地として入手し、晩年の富太郎の研究場所を確保していいます。しかし富太郎が理学博士を授与された一九二七年に夫人は原因不明の病気になり、満足に入院費用も支払えなかったために手遅れとなり、翌年二月に五四歳で死亡してしまいました。

有名な逸話ですが、富太郎は夫人の患部を研究のため大学病院に寄贈するとともに、前年に仙台で発見した新種のササを「ササエラ・スエコアナ・マキノ」と命名し、夫人の名前が永遠に記憶されるようにしました。遺骨は東京谷中の墓地に埋葬し、墓石の側面に「家守りし妻の恵みやわが学び／世の中のあらん限りやスエコザサ」と記載しています。このスエコザサは夫人が土地を用意した自宅の庭園にも移植されています。

数々の栄誉を授与された晩年

このような不遇の生活にもかかわらず、研究意欲は旺盛で、大学への出入禁止のため、六巻まで出版したものの未完であった『日本植物志図篇』を代替する『大日本植物誌』を一九〇〇年から刊行します。今回は自費ではなく帝国大学からの費用で刊行されましたが、これも様々な事情により四巻で中断してしまいました。このような挫折もありましたが、五〇歳になった一二年には東京帝国大学理科大学講師に任命されます。

しかし学歴至上主義の当時の大学では、富太郎を講師にしておくことに何度も反対がありましたが、帝国大学に必要な人材とされ、七七歳になった一九三九年に辞表を提出するまで留任しました。助手の時代から計算すれば四七年間も在任した異例の経歴でした。このような確執の一因は研究一途の富太郎の性格にも関係がありますが、松村教授については、明治の植物研究の第一人者で、東京大学植物学教室の基礎を構築した学者であると賞賛しています。

その研究一途の性格を証明するように、各地に植物採集に出掛ける以外に、『植物研究雑誌』の創刊（一九一六）、『日本植物総覧』『日本植物図鑑』（二五）、『頭註国訳本草綱目』（二九）、『牧野植物学全集』（三六）、『牧野日本植物図鑑』（四〇）、『植物記』（四三）などを次々に刊行、戦後も『牧野植物随筆』（四七）、『図説普通植物検索表』（五〇）などを発刊しています。そして四八年には皇居に参内し昭和天皇に植物学御進講もしています。

生涯に発見した新種は六〇〇種以上、命名した植物は約二五〇〇種という業績は戦後になって一気に評価され、一九五〇年には日本学士院会員に推挙、五一年には第一回文化功労者に選定、五三年には東京都名誉都民に選定、九四歳で永眠した五七年には勲二等旭日重光賞と文化勲章も授与されています。富太郎は「私は草木の精である」と日頃から発言していましたが、それに相応しい人生でした。

Wikimedia Commons

高知県立牧野植物園

富太郎が八〇年以上かけて採集した貴重かつ膨大な植物標本については、一九五一年に文部省が牧野博士標本保存委員会を設置して整理を開始し、富太郎が逝去した翌年には高知市五台山の一八ヘクタールの土地に高知県立牧野植物園、やはり同年に東京都練馬区の富太郎の晩年の二〇〇〇平方メートルの住居の跡地に牧野記念庭園が創設されています。植物一筋に人生を投入した業績の偉大さを象徴する施設です。

福士成豊

幕末から明治に多才な能力を発揮した

（1838-1922）

戦争を左右する気象情報

古来、気象条件が勝敗を左右した戦闘は多数あります。日本では一三世紀後半の元寇が有名です。モンゴル帝国五代皇帝フビライは中国から朝鮮半島を征服し、多数の軍船を編成して海上から九州北部に襲来しました。一二七四年の「文久の役」も八一年の「弘安の役」も日本は劣勢でしたが、台風が海上の船団を翻弄したため、元軍は多大の犠牲を支払って退却しました。この故事から「神風」という言葉が社会に浸透しました。

F・ナイチンゲールの活躍で有名なクリミア戦争でも暴風が戦況に影響しました。フランス、イギリス、オスマン帝国連合とロシア帝国が黒海周辺で一八五三年に開戦した戦争ですが、翌年、フランスの最新鋭艦「アンリ四世」が暴風のため沈没しました。フランスは気象情報を分析し、イベリア半島で発生した暴風が数日で黒海に到来したことを解明、この経験からフランスは終戦から二年が経過した五八年に天気予報を開始しました。

二〇世紀になると、気象情報は一層重要になります。ナチスドイツを一気に劣勢にしたのは一九四四年六月に決行されたノルマンディ上陸作戦ですが、連合国軍は上陸舟艇で敵前上陸するために、月明、潮汐、潮流、風速、風向などを綿密に検討し、当初は六月五日に決行としましたが、四日から気圧が急速に低下しはじめたため、直前になって六日に延期しました。結果は正解で、五日は大荒れとなり、決行していれば成功しませんでした。

気象予測は戦争だけではなく、日常生活でも人命を左右します。太平洋戦争中は気象情報の無線通報は暗号で送信され、暴風警報などを例外として、詳細な気象予報の国民への伝達は制限されていました。そのため一九四二年八月に長崎に上陸した台風の通過する経路が周知されず、山口などを中心に多大な被害が発生しています。この重要な気象観測を日本人で最初に実施した福士成豊《なりとよ》を紹介します。

船大工として登場

蝦夷地と名付けられていた江戸時代の北海道は少数のアイヌの人々が生活している

土地でしたが、渡島半島南部は蠣崎《かきざき》一族が支配していました。しかし一九世紀初頭からロシア帝国の艦隊が南下してきたため、幕府は全域を直轄の天領とします。その中心は蠣崎一族が拠点としていた箱館で、高田屋嘉兵衛の活躍などにより繁栄し、さらに一八五四年の日米和親条約よって箱館は補給地点として開港されます。

この幕末の一八三八年に箱館の船大工の続豊治の次男に誕生したのが福士成豊でした。豊治は高田屋嘉兵衛に雇用されていた船大工です。成豊は五歳になったとき、箱館の回船問屋を経営する福士長松の養子となりますが、父親の造船の仕事を手伝って成長します。五五年の箱館開港を契機に、箱館奉行堀利熙《としひろ》は大型商船の建造を豊治に依頼します。そこで豊治は成豊とともに従来の和船ではなく、竜骨と肋骨をもつ洋式帆船を建造します。

最初は和洋折衷の帆船を試作しますが、一八五七年八月に完成したのが日本人により最初に建造された五六トンの洋式帆船「箱館丸」でした。日本人によりという前置きには理由があります。五四年の年末に日露和親条約の締結交渉のため、伊豆半島の下田にロシア帝国の軍艦「ディアナ」が停泊していました。ところが一二月二三日に発生した安政東海地震で大破し、半島の西側の戸田《へだ》に回航しようとしますが、途中で

Wikimedia Commons

復元された箱館丸

沈没してしまいます。

そこで艦長のJ・プチャーチンは戸田で船舶を建造して帰国しようと決意し、韮山代官の江川英龍《ひでたつ》と勘定奉行の川路聖謨《としあきら》の監督のもと、ロシアの乗員が設計した全長二五メートル、約一〇〇トンの洋式帆船を建造します。戸田の船大工が作業し、建造開始から三ヶ月後の一八五五年四月に無事進水しました。この「ヘダ号」と名付けられた木造帆船が日本で建造された最初の洋式帆船で、「箱館丸」より一年半前のことです。「ヘダ号」は日本で最初に建造された洋式帆船ですが、設計も建造もロシア船員の主導でした。しかし「箱館丸」は外国帆船を参照したものの、続親子が中心で建造したという特徴があります。帆柱二本で全長三〇メートルの帆船は見事な仕上がりで、箱館奉行が続親子などとともに箱館から品川まで試験航海しますが、途中で時化に遭遇するものの問題なく航海できました。豊治が六〇歳、成豊は弱冠一九歳でした。

ブラキストンとの出会い

この成功により、豊治は箱館御用船大工棟梁に昇進、翌年の一八五八年には同型の「亀田丸」を建造しますが、この建造の中心は成豊でした。箱館の五稜郭を設計し建造した武田斐三郎《あやさぶろう》は北海道初の教育機関「諸術調所」の教授でしたが、自分の生徒とともに「亀田丸」でロシアのニコライスクまで実習航海を実施しています。原型は外国船舶であるものの、それを参考に建造した洋式帆船が遠洋航海できるほど一気に技術が発展したのです。

しかし成豊は、より高度な技術を取得するためには英語が必要だと決意し、箱館在留のアメリカ代理領事から英語を学習し、さらにイギリスのA・ポーターが経営する商会の店員となって英語を勉強します。その熱意は手書きの英和辞典を二冊も完成させていることが象徴しています。さらにイギリスの軍人かつ博物学者で箱館に滞在してブラキストン・マル商会を設立していたT・ブラキストンから測量や測候の技術を習得しています。

一八三二年生まれのブラキストンはイギリスの陸軍士官学校を卒業し、クリミア戦争にも従軍した軍人ですが、博物学者でもあり、カナダで鳥類を採集し、揚子江上流域の調査では王立地理学会から表彰されています。その帰路、箱館に到来、以後二〇年間も滞在して鳥類などの採集と研究をします。そこで動物や植物は津軽海峡を境界にして種類が相違することを発見し、ブラキストン・ラインとして名前が記録されています。

この時期に成豊は新島襄《じょう》と出会っています。安中藩士新島民治の長男として一八四三年に江戸屋敷で誕生した新島は、英語の書物でアメリカの地理や制度を学習して渡航を決意し、六四年に、すでに開港していた箱館に潜伏、密航の機会を画策していました。そこでロシア領事館付の司祭N・カサートキンに斡旋を依頼し、新島の熱意に共感した成豊などの助力により、アメリカの汽船「ベルリン」で密航したのです。

日本最初の本格気象観測

気象観測はブラキストンが一八六八年から七一年まで箱館で実施していましたが、同年、アメリカから来日して開拓使御雇教師頭取・開拓顧問となったH・ケプロンが気象観測の重要さを力説し、ブラキストンが個人で実施していた気象観測を公的に継続することを進言します。そこで七二年にブラキストンが使用していた観測装置を借用し、測量で力量を発揮していた成豊を担当にして、成豊が生活していた官舎で観測を開始しました。

冒頭の説明のように、古来、気象観測は実施されてきましたし、一八五九年には箱館のロシア領事館付医師アルブレヒトが気象観測をしていたという記録もありますが、高度な機器を使用した気象観測としては日本人初の快挙でした。ブラキストンの機器も立派なものでしたが、開拓使函館支庁が気候観量所を設置するために、装置一式をイギリスのキュー気象台検定済のカセラの製品を注文して輸入するほど熱心に推進されました。

測量技師として活躍

一八六八年に成立した明治政府は箱館に箱館府を設置しますが、旧幕府軍を統率する榎本武揚《たけあき》が五稜郭を占拠し、箱館戦争が勃発します。しかし翌年の六九年に新政府軍が勝利し、蝦夷地は北海道になるとともに、箱館府も開拓使出張所となります。成豊は英語の能力を見込まれ、そこに通訳として採用されます。当面は通訳の仕事に専念しますが、ブラキストンから教授された測量、測候などの技術を利用して様々な活動を開始します。

その一例が道内各地の港湾周辺の海底測量でした。明治政府は一八八六年に北海道庁を創設、開拓のため一八の事業を開始しますが、その代表が各地に近代港湾を構築するための測量でした。このためイギリスからC・S・メークを招聘、すでに日本の測量の第一人者となっていた成豊と土質調査の経験のある三上源蔵を助手として、函館、小樽、留萌、網走、釧路、根室など二三箇所の海底を測量していきます。

さらにメークと成豊は一八八八年に本州にも出張し、大阪、京都、敦賀、石巻などで調査をします。メークは九〇年にイギリスに帰国して土木学会雑誌に「蝦夷の海岸と河川」という論文を発表しますが、「福士のおかげで調査は成功した」と記述しています。それほど福士の技能は優秀だったのです。また京都では、密航を手助けした新島にも出会っています。新島は七五年にアメリカから帰国し、年末に京都に同志社英学校（同志社大学）を創設していました。

帰国したメークの後継は札幌農学校二期生で母校の教授も兼任していた道庁技師の廣井勇《いさみ》でした。廣井は小樽築港の北防波堤を設計し、自身で工事監督をして完成させたことで有名ですが、函館では福士と三上に港内の水深測量を実施させています。一般に測量地点の位置は六分儀で決定しますが、多数の船舶が停泊している港内では困難なため、海岸から沖合に麻縄を延長して位置を決定し、正確な水深地図を完成させています。

地図測量にしても気象観測にしても、日本独自の技術は存在していましたが、西洋の技術は江戸末期から明治初期に一気に流入してきました。そのような異質の技術に果敢に挑戦した多数の人々によって近代日本は発展してきました。政治や経済で活躍した人々が話題になりがちですが、福士成豊のような一般には有名ではない人々の努力の蓄積が近代日本を誕生させたということを確認することも重要です。

井上圓了

大学を創設し妖怪の研究でも名高い

(1858-1919)

次々と創設された私立大学

江戸末期から明治初期にかけて、次第に西欧諸国の様子が判明してくると、彼我の格差の巨大なことに愕然とし、その挽回のために明治政府は次々と施策を実施しますが、重要な分野が教育でした。初等教育については、それまで地域ごとに存在していた寺子屋の仕組を改革するため、一八七一年に文部省を設置して全国一律の教育に変更し、高等教育についいては多数の外国の教師を招来して東京大学をはじめとする官立の大学を創設してきました。

一方、民間の有志が創設した私立大学も次々と登場するようになります。福沢諭吉が創設し、慶應義塾大学に発展する蘭学塾が一八五八年、新島襄が京都に創設し、同志社大学となる同志社英学校が七五年、大隈重信が創設し、早稲田大学の基礎となる東京専門学校が八二年という状態です。さらに一九〇六年に東洋大学と改称される哲学館が八七年に創設されます。この哲学館を設立した井上圓了《えんりょう》という学者を紹介します。

仏教の復興を期待される

井上圓了（幼名岸丸）は一八五八年に越後長岡藩内の来迎寺《らいこうじ》村（新潟県長岡市）にある真宗大谷派慈光寺に住職の長男として誕生しました。幼少の時期から利発で評判になり、一六歳になった七四年に長岡洋学塾（県立長岡高等学校）に入学して洋学を勉強します。成績優秀であり助手に任命されますが、七七年に新潟県令（知事）の推薦により、京都の東本願寺に創設された僧侶の教育機関である教師教校に派遣されます。

当時、仏教は困難な状況にありました。日本は土着の神道と六世紀に大陸から伝来した仏教が一体となった神仏習合で宗教が維持されていましたが、明治政府が明治元年（一八六八）に神仏習合を禁止し、神道を国教とする神仏分離が推進されます。そのため全国で廃仏毀釈《はいぶつきしゃく》運動が発生し、寺院や仏像が次々と破壊され、極端であった鹿児島県では一〇〇〇以上存在していた寺院の大半が廃寺になるという徹底した破壊が進展しました。

背景には仏教が世俗に迎合して堕落し、民衆の信頼を喪失していたという理由もあったため、仏教団体が仏教再興のため僧侶の教育機関を設立しはじめていました。井上が入学した東本願寺の教師教校も、そのような背景から設立された学校でした。ここでも井上は才能を評価され、一八七八年に国内留学に推挙されて東京大学文学部哲学科に入学します。在学期間の八四年には哲学会を創立するなど活発な活動をし、八五年に卒業します。

本来であれば、派遣してくれた東本願寺に復帰して宗派の再興に努力する立場でしたが、特定の宗派に帰属せず、仏教全体の勢力挽回を目指し、在野での活動を開始します。そこで卒業して二年が経過した一八八七年に、東京大学赤門の対面にある麟祥《りんしょう》院《いん》の敷地に東洋思想の教育を目的とする「哲学館」を開設し、講義を開始します。ところが開校から一五年目の一九〇二年に「哲学館事件」が発生します。

騒動となった哲学館事件

当時、官立の高等師範学校を卒業すると、旧制中等教育学校の教員資格は試験なしで授与されました。ところが井上は私立学校を卒業しても同様に資格を授与すべきであると主張し、私学の國學院（國學院大学）や東京専門学校（早稲田大学）とともに文部省に陳情します。その結果、一八九九年に三校を卒業すれば資格が授与されることになり、一九〇二年に卒業する学生には試験なしで教員の資格が付与されるはずでした。

ところが、哲学館の卒業試験に「動機が善意であっても悪意となる行為はあるか」という課題が出題され、それについて「結果だけで判断してはいけない。そうしなければ自由のための弑逆《しいぎゃく》も罪悪となる」という学生の回答がありました。これはイギリスの学者の著作にある見解でしたが、文部省視学官が「目上を殺害していいということになり、この思想は国体に危機をもたらす」と警告、哲学館の資格を取消すという騒動になってしまいました。

哲学館が文部省に理由を質問すると「本来は哲学館の閉鎖に相当する問題であるが、事情を勘案して教員資格の取消に軽減した」という回答で、出題した教師と教育した教師は退職させられることになってしまいます。これは学問の自由や教育の自由の問題として新聞や雑誌で議論され、国会で質疑応答されるほどの騒動になりました。この影響で哲学館から発展した東洋大学の正式認可が遅延したと憶測されています。

自費で哲学堂公園を設立

井上は教育だけではなく、事業にも能力を発揮します。大学を卒業した翌年に出版会社「哲学書院」を設立し、自身の著書や大学の講義内容を出版して経営に成功し、政府や宗教団体に依存することなく、哲学館以外に京北中学校（一八九九）、京北幼稚園（一九〇五）、京北実業学校（〇八）を創設し、当時は郊外であった中野区和田山に一万五〇〇〇坪にもなる広大な土地を購入して哲学堂公園を開園しています。

この公園には一九〇四年に東洋の釈迦と孔子、西洋のソクラテスとカントという四人の哲人を奉祀した「四聖堂」が建設され、さらに〇九年以後に公園の正門としての「哲理門」、聖徳太子、菅原道眞、荘子、朱子、龍樹、迦毘羅《かぴら》という六人の東洋の賢人を記念する「六賢台」が建設されています。この広大な土地は井上の没後の四四年に、本人の意志により東京都に寄贈され、現在は中野区立哲学堂公園となっています。

最近、この公園が話題になっています。二〇一九年が井上圓了没後一〇〇年になるため、中野区が園内に「井上圓了学習展示施設」の建設を構想し、樹齢一〇〇年にもなるヒマラヤスギの大木七本を伐採することにしました。ところが絶滅危惧ＩＡ類に

Wikimedia Commons

四聖堂（哲学堂公園）

分類されている鳥類ツミの生息に影響すると市民団体が反対しているのです。人工ではあるものの都会では貴重な自然環境となった公園の行方を泉下の井上がどのように思慮しているか興味があります。

次々と事業を拡大してきた井上は四七歳になった一九〇五年に自身で創設した大学の学長や中学の校長を突然辞職します。体調の悪化も理由ですが、学校という公共事業は一族で相続すべきではないという信念からとされています。以後は全国二九六八個所を訪問、五五〇三回もの講演をし、一九年に旅先の満州で「われ死なば／湯灌をせずに娑婆の垢／つけたままにて火あぶりにせよ」との辞世とともに急死します。六一歳でした。

妖怪研究により有名になる

このように哲学を研究し、教育に貢献した井上ですが、同時に「妖怪博士」という呼名もあるように、妖怪を本格研究したことでも有名です。哲学と妖怪は関係なさそうですが、雪国の寺院に誕生した井上の周囲には、子供の時代から妖怪の話題が存在して関心があったため、東京大学に入学してから英国心霊現象研究協会が存在するという情報を入手し、日本でも研究しようと一八八六年に「不思議研究会」を組織し、何人かで研究を開始します。

妖怪という名称からは幽霊、化物、怪物などを連想しますが、井上は病気も天変地異も人間に恐怖をもたらすすべてを妖怪としました。研究のためには国内だけではなく世界の事例を収集することが必要だと、雑誌に「各地の妖怪の情報を連絡してください」「身近な幽霊の情報を連絡してください」という広告を掲載したところ、五〇〇通以上の手紙が到来し、そのような大量の事例を分析して研究を開始します。

その成果は一八九六年に二五〇〇ページにもなる『妖怪学講義』として出版されます。哲学を専門とする学者が妖怪を研究するというと趣味のような印象ですが、明治時代の哲学界大御所の井上哲次郎は「専門分野の傑作は『仏教活論』と『外道哲学』であるが、『妖怪学講義』は妖怪を迷信とし、それを撲滅するため尽力された成果であり、世間の妖怪への関心に呼応して歓迎された」と記述しています。その証拠に明治天皇も愛読されたそうです。

井上は妖怪を、人間が創作したもの（偽怪）、現象の誤解によるもの（誤怪）、物理的心理的な現象（仮怪）、本当に不可思議なもの（真怪）の四種に分類、具体事例として、天変地異などを説明する理学部門、癲癇や呪術などを説明する医学部門、前兆や家相などを対象とする純正哲学部門、コックリさまなどを説明する心理部門、幽霊などを紹介する宗教部門、神童などを解説する教育部門、そして化物屋敷や魔法を対象とする雑部に分類しています。

その研究の意図は最初の三種と真怪を区別できないために翻弄される一般大衆を救済することでした。そこで最初に研究対象としたのが、一八八〇年代に流行していた「コックリさま」です。四〇センチメートル前後の細竹を中央でしばって三叉にして上部に米櫃《こめびつ》の蓋を乗せて白布を被せ、三人が片手で蓋を押さえ、コックリさまが移乗することを祈念します。移乗したら質問をすると蓋の運動で返答があるという仕掛けです。

井上は各地の事例を参考に実験を繰返し、この現象が発生する二種の原因を特定します。第一は「予期意向」で、人間は潜在意識で回答を予想してしまうので、期待したような反応が発生するということです。第二は「不覚筋動」で、意識しないままに筋肉が反応して蓋が動いてしまい、霊力などを感じるということです。この成果は『妖怪玄談』として出版されますが、井上は研究を継続し、広範な内容にしたのが『妖怪学講義』です。

このような広範な分野を研究できた原点は明治政府の政策によって地位が低下した仏教の再興を期待されたことですが、その期待を上回る活躍をし、研究だけではなく教育の場所として東洋大学も創設、仏教という範囲だけではない広範な学問の環境を社会に提供したという意味でも井上は偉大でした。しかも自身の学問と経営の才覚で獲得した資産や地位にも連綿とすることのない清々しい人生を貫徹したことでも偉人です。

日本の近代河川改修を指導した

J・デ・レイケ

（1842-1913）

オランダ技師が中心の河川改修

幕末に長州や薩摩から密航した若者や、明治になって政府の使節として欧米を視察した人々は彼我の格差に愕然とし、夏目漱石が「欧州の国々が百年かけて獲得したものを我々は十年で達成しなければならなかった」と述懐しているように、明治になって西欧の制度、文化、技術などを急速に導入しはじめます。そのため優秀な若者を留学させる一方、それらの国々から学者や技師を高給で招聘し、指導を依頼します。

しかし闇雲に招聘したわけではなく、それぞれの分野で世界の先頭にある国家を見極め、例外はありますが、法律はフランス、教育はアメリカ、医学はドイツ、軍事はフランス、鉄道はイギリスが中心という具合でした。港湾建設や河川改修については明治五年(一八七二)に技師としてC・ファン・ドールンとI・A・リンドを招聘、翌年にはG・A・エッセル、J・デ・レイケなど計一〇名が来日しますが、すべてオランダ出身でした。

オランダは英語でネザーランズですが、これは低地という意味です。オランダはヨーロッパ有数の大河ラインの河口部分に位置し、一三世紀以来、一〇〇〇年で三五〇〇平方キロメートルという規模で湿地を干拓してきました。干拓した土地は時間とともに沈下していくため、九州と同等の面積の国土の約二五％は標高が海面以下になっているという国家です。

これらの経緯から、干拓や治水の技術は世界最高水準にあったため、この分野はオランダから技師を招聘したのです。この国土の南端にある海沿いの寒村に一八四二年に誕生したのがヨハニス・デ・レイケです。堤防を建設する職人の家庭に誕生し、高等教育機関で勉強した経歴はないものの、オランダ各地で閘門《こうもん》工事に従事し、ファン・ドールンが指揮するアムステルダムの工事現場で仕事をした経験もありました。

淀川の河川改修に挑戦

デ・レイケは日本に三〇年間滞在しますが、それを見越したように、一八七三年に妻子とともに来日し、内務省土木局に雇用されます。同時に来日したエッセルは大学を卒業していたため一等工師でしたが、デ・レイケは四等工師という処遇でした。しかし、エッセルが一八七八年に、全体を統率していたファン・ドールンが一八八〇年に帰国してからは、デ・レイケが内務省土木局を指導や助言する立場になります。

参考のため、当時の政府が外国の教師や技師を優遇していた実際を給与で紹介します。全体の指揮をするファン・ドールンが月額五〇〇円、一等工師エッセルが四五〇円、二等工師リンドが四〇〇円、三等工師チッセンが三五〇円、四等工師デ・レイケが三〇〇円でした。明治政府の参議の伊藤博文が五〇〇円、帝国大学講師の夏目漱石が七〇円弱でしたから、外国の技師を破格の待遇で招致していたことが明確です。

デ・レイケが来日した背景にあった事業は大阪の淀川改修工事でした。一八七二年にファン・ドールンが来日した直後、大阪府権知事が安治川河口の築港計画を政府に申請しました。政府はファン・ドールンを大阪に派遣し調査させた結果、安治川築港のためには淀川の改修という巨大事業が必要であると判断し、数名の技師の追加を政府に要請します。そこで来日したのがエッセルやデ・レイケなどでした。

一八七三年八月三日、一行はフランスのマルセイユから出航、四年前に開通したばかりのスエズ運河を通過、アデン、シンガポール、サイゴン、香港、上海を経由して九月二二日に長崎に寄港、瀬戸内海を通過して二四日に神戸に到着しました。五二日間の船旅でした。そこから陸路で大阪に移動して住居を確保し、エッセルとデ・レイケは一一月から、数名の若者が両岸から引綱で牽引する小舟に乗船して淀川上流の現地調査を開始します。

その結果、琵琶湖の出口の瀬田の周辺の禿山からの土砂が瀬田川、宇治川を経由して淀川に流入しており、砂防ダムで土砂の流入を阻止しなければ淀川では船舶が通行できる水深を確保できないという結論になります。そこで大学でダム工事の授業を受講していたエッセルが砂防ダムを設計、デ・レイケが砂防ダムを建造する場所を選定します。こうして淀川の上流部分に数多くの砂防ダムが建設されていきました。

当初の目的である河口に築港を建造する工事は資金不足で実現しませんでしたが、淀川改修工事は順調に進展しました。一緒に仕事をしたエッセルが故郷に送付した手紙にデ・レイケのことを「実地で習得した工学知識は現場に即応しており、仕事が素早いうえに抜群の成果をもたらしている」と絶賛しています。二人の尽力で成功した淀川改修工事が評判になり、全国から内務省土木局に工事の依頼が殺到します。

木曽三川の分流を指導

このような活躍をしていた一八七六年九月に当初の日本政府との雇用契約の期限に

Wikimedia Commons

分流された三川（手前より揖斐川・長良川・木曽川）

なり、契約更新をします。エッセルは月額四五〇円のままでしたが、デ・レイケは四〇〇円になり、以前より一〇〇円増額になりました。これは前述の手紙の内容のように、デ・レイケの実力を称賛したエッセルが推挙した結果でした。これ以後は雇用期限がなくなり、政府か本人が六ヶ月前に申告すれば契約解消が可能になる条件に変更されました。

この契約更新以後にデ・レイケが挑戦したのが木曽三川の改修工事でした。木曽川、長良川、揖斐川という三大河川が合流する濃尾平野は頻繁に洪水が発生する場所でした。一七七四年から翌年にかけての宝暦年間に、幕府が薩摩藩に命令した手伝普請によって改修されましたが十分ではなく、以後も洪水は発生していました。そこで一八七七年に三重県令と愛知県令がオランダ人技術者の派遣を内務省土木局に陳情します。その要請に対処するため現地に派遣されたのがデ・レイケでした。デ・レイケは上流の木曽川沿いにある犬山城天守閣から周辺の山崩れの状態を観察し、さらに本流や支流を一〇数日かけて調査します。その結論は、上流から土砂が河川に流入して河床が上昇するが、木曽川の土砂量が揖斐川と長良川の土砂量の合計の約二〇倍もあるため、木曽川の水流が揖斐川と長良川に氾濫するという内容です。

解決方法は木曽川に丈夫な堤防を建造し、決壊しないようにすれば、木曽川の水流の土砂は河床に堆積せず伊勢湾内に流出するので、洪水になっても揖斐川と長良川が氾濫することはなくなるという理屈でした。これは一般に三川分流といわれますが、この内容が一八八五年に発表されると、ついに洪水の氾濫が防御できると地元の住民は歓喜し、各地に住民参加の団体が結成され改修費用を捻出するようになります。

しかし、この報告以後、デ・レイケの関心は淀川の修築工事や福井県三国港の建設に移行し、木曽三川の改修には熱心でなくなります。そこで一八八〇年に地元団体の代表がデ・レイケと面会して催促したところ、ようやく開始されますが、それでも遅々とした進行でした。そこで第七代内務卿の松方正義がデ・レイケと面談、さらに現地視察をしたことも影響し、本格工事が開始され一九一二年に三川分流が完成しました。

不幸を克服し三〇年間の滞日

ところが、デ・レイケの家庭に不幸が襲来します。まず一八八〇年に義妹が日本で病死し、それがオランダの新聞に報道されたため、恩師から手紙が到着し、年長の子供三人を帰国させて母国で教育することを進言されます。そこで当面、九歳の長女アンナのみが一人で帰国し、さらに翌年に長男と次男も帰国しました。さらなる不幸は病床にあった夫人のヨハンナが翌年六月に病死したことです。まだ三二歳でした。

それを契機に、デ・レイケはオランダに一旦帰国しようと決意しますが、夫人の療養や子供の教育のため多額の出費がかかり、帰国の船賃さえ捻出できない状態でした。ところが、これまでのデ・レイケの活躍を評価した日本政府は全額有給のまま六ヶ月間の休暇を許可し、さらに三ヶ月分は前払いすると伝達します。当時は西南戦争の直後で政府は財政窮乏のため、外国の技師などを大量解雇していた時期であり、これは異例の措置でした。

一八八一年一〇月に三人の子供と日本を出発したデ・レイケは半年以上オランダに滞在し、翌年六月に日本に帰還しました。当初は仕事にも熱意がありませんでしたが、次第に元気を回復し、八四年には待望の一等技師に昇格、月給四五〇円になります。そして新大阪港の計画を依頼されます。デ・レイケの構想は河川から流入する土砂に影響されない海港であり、九四年に計画が作成され、九七年から着工されました。

順調に出世していたデ・レイケは一八八五年二月に再度オランダに帰国します。今回も八ヶ月間の有給休暇を許可されますが、これはデ・レイケの能力が評価されていた証拠です。今回はアメリカとイギリスを経由する経路で、子供たちとの再会も目的でしたが、さらに重要な目的は再婚でした。相手は家族の友人で、デ・レイケよりも一七歳若いM・S・ヘックでした。先妻との子供ヤコバとともに一二月に帰国した二人は、今回は東京に定住します。

この前後、デ・レイケが優秀な技師であることを証明する事態が日本で発生します。日本では河川は舟運のための航路の維持を主眼とする改修が中心で、淀川についても同様でした。その実態を視察したデ・レイケは淀川の高水《こうすい》工事（洪水防御の河川改修）

の必要を指摘し、内務本省の三島通庸《みちつね》局長に「このままでは淀川は決壊するであろう」と警告を送付してオランダに出発しました。実際、デ・レイケが不在の六月と七月に水害が発生しました。

デ・レイケは日本全域で活躍しており、計画に関係した港湾は長崎港、三国港、神戸港、博多港など多数存在しますが、実施された計画は少数で本領を発揮したのは河川改修でした。従来の理論に自分の経験を加味して河川の改修計画を策定していますが、その最大の成功事例が木曽三川の分流工事でした。日本に約三〇年滞在、一九〇三年に勲二等瑞宝章を受賞して離日し、帰路に上海で仕事をしてから帰国、一三年にアムステルダムで死亡しました。

デ・レイケは三〇年間の日本滞在の期間に多数の築港事業や河川事業の設計や施工を担当していますが、竣工式典に招待されたり、竣工記念の石碑に記名されたりしていません。これは当時の日本政府の方針が、外国の技師はあくまで日本の技師を指導する立場としていたためです。しかし、当時の世界の先端の土木技術を背景に、人生の大半をかけて日本の河川改修の基礎を構築した謙虚な人柄のデ・レイケには感謝すべきです。

中西　悟堂

日本に野鳥観測を定着させた

（1895-1984）

鑑賞の対象となった野鳥

地球には一万種近い鳥類が棲息していると推定されていますが、それらは数百万年の人類の歴史の九九・九九％の期間は食料の対象でした。そのため絶滅した鳥類は数多く存在します。北米大陸東部に五〇億羽は棲息していたと推定されるリョコウバトは美味であったことが不幸の原因となり、大量の移民が到来してから一〇〇年もたたない一九一四年に飼育されていた最後の一羽が死亡し地球から消滅しました。

それ以後も、食料の対象としてではなく、人間の活動する場所の拡大によって生存する環境が破壊され、絶滅していった鳥類も数多く存在します。日本では学名「ニッポニア・ニッポン」という日本を象徴するような名前のトキでさえ、一九八一年に野生では絶滅しています。国際機関の調査によれば、世界の一万種近い鳥類のうち絶滅が危惧されている種類は約一二〇〇種と全体の約一二％にもなります。

この鳥類が観察の対象に変化しはじめたのは、ヴィクトリア女王が統治し、大英帝国が世界に君臨した一九世紀後半です。国内に余裕が発生した影響で、鳥類を食料としてではなく鑑賞の対象とする意識が発生し、何人かの博物学者が野鳥の捕殺や飼育を禁止するべきという意見を表明し、一八八九年に王立鳥類保護協会が誕生しました。そして一九〇一年に『バードウォッチング』という題名の書物も出版され、人間と鳥類の新規の関係が発生しました。

アメリカでも一九世紀後半に水鳥を保護する運動が発生し、一八九七年に出版された剥製の鳥類の写真を掲載した『鳥類という隣人』という書物が二五万部も購読され、その影響もあって一九〇五年に鳥類全体の保護を目的とするオーデュボン協会がニューヨークに設立されました。やや出遅れたものの、それから三〇年後の一九三四年に「日本野鳥の会」が誕生しますが、その創設の中心であったのが中西悟堂《ごどう》です。

仏教の僧侶として修行

中西悟堂は一八九五年に石川県金沢市都心の長町で父親の中西富男と母親のタイとの長男富嗣《とみつぐ》として誕生します。祖父は加賀藩士、父親は海軍軍楽隊教官という名家でしたが、父親が日清戦争での負傷が原因で富嗣が二歳になった九七年に死亡し、母親は長崎の実家に帰郷してしまったため、東京在住の父親の長兄である中西元治郎（悟玄）の養子となります。この養父は自由民権運動に参加し、八八年には渡米するなど当時としては先進の人物でした。

滞在したサンフランシスコでは愛国同盟を結成、『十九世紀新聞』を発行するなど活躍し、帰国してからは仏教復興に努力した人物です。その背景には、日本から移民してキリスト教徒になる邦人が数多く存在することをアメリカで目撃し、それを憂慮したからとされています。そこで仏教を海外に紹介するとともに、自身は一九〇六年に東京上野の東漸院《とうぜんいん》の住職になります。この養父の思想と経歴が富嗣の生涯に多大の影響をもたらします。

五歳で東京府麻布飯倉町にある小暮小学校に入学します。しかし養父の指示で僧侶となるため、一〇歳のときに秩父山中の観音寺で座行、滝行、断食などの修行をし、一二歳のときに養父と祖母とともに神代村《じんだい》（東京都調布市）の祇園寺に移住します。そして天台宗深大寺で得度、法名の悟堂を授与され、戸籍でも悟堂を本名とします。そして本郷駒込にある天台学林（大正大学）に入学、曹洞学林（駒澤大学）にも通学します。

一八歳になった一九一三年には愛媛の瑞応寺で修行、二五歳で島根の長楽寺の住職、二七歳で松江の普門院の住職と各地を移動しますが、次第に文学に目覚め、二一歳になった一六年に中西赤吉《しゃくきち》のペンネームで第一歌集『唱名』を刊行します。これは歌人で国文学者の窪田空穂《うつぼ》に賞賛されています。さらに二七歳のときには第一詩集『東京市』を刊行しますが、既存の詩壇と決別し、次第に作家の方向に転換を開始します。

そして元号が昭和になった三二歳のときに東京都北多摩郡千歳村（世田谷区烏山）に移住し、そこで木食菜食生活を開始します。木食とは五穀など穀物も塩分も摂取せず、調理をする火食もせず、山菜を食材とし、さらに風呂に入浴もせず小川で沐浴するだけの生活です。これを実行した僧侶は木食上人と尊敬されますが、豊臣秀吉が帰依した応其《おうご》（一五三六～一六〇八）や、全国を遊行して多数の仏像を製作した五行《ごぎょう》（一七一八～一八一〇）などが有名です。

日常はパンツ一枚で生活

現在の世田谷区烏山は建物が密集した住宅地域ですが、昭和初期は緑豊かな田園地帯でした。そのような場所で自然と一体の生活をしていたうえ仏教に帰依していたため、虫類や鳥類を殺生することなく身近に観察する生活でした。その生活について逸話があります。悟堂は自宅の部屋でアオダイショウやヤマカガシを放飼しており、訪問してきた郵便局長が驚嘆して町中の話題になり、奇行が評判になったのです。

三年半後に杉並区善福寺に移転しますが、一帯は風致地区であったため多種多様な虫類や鳥類が生息しており、ここでも自然観察に集中します。日常生活は起床すると屈伸運動をしてから付近を一〇キロメートルほどジョギングし、朝食はコップ三杯の冷水のみ、食事は一日二食の完全菜食主義でした。下痢などをすれば三日か四日の絶食で治癒するという、長年の木食菜食生活からすれば、ごく自然な生活でした。

この程度であれば、現在でも奇異というほどではありませんが、さらに奇怪とされた悟堂の行動は、年中、自宅で素裸の生活をしていたことです。流石に来客など外部の人間が訪問してきたときは、季節に関係なく簡素な単衣の着物を着用して応対していましたが、日常生活はパンツ一枚で、執筆も書斎を使用せず、雨天でもなければ屋外に座卓を設置し、パンツ一枚のみで仕事をしていました。

さらに野鳥の観察などで山歩きをするときもパンツ一枚だったそうです。夏山では低地では直射日光が強烈のため襦袢を着用しますが、二〇〇〇メートル以上の高地になると、再度、パンツ一枚になって登山し、冬山でも同様でした。さらに子供時代の修験の修行や青年時代の木食生活の粗食の体験などから、何日も飲食せずに登山をするのも平気で、日本の野山の自然環境や生息する動物に精通していきました。

「日本野鳥の会」を創設

そのような体験の結果、三九歳になった一九三四年三月に悟堂を会長に、鳥類学者の黒田長礼《ながみち》、詩人の北原白秋、国文学者の窪田空穂《うつぼ》、民俗学者の柳田国男などを中心に、「日本野鳥の会」が創設され、五月には雑誌『野鳥』が創刊されます。当時の日本ではウグイスを飼育して美声を競争するとか、野鳥を捕獲して食料にするということが一般でしたから、鳥類の愛護を推進するという組織の出現は革命でした。

鳥類の研究活動は二年前の一九三二年に皇族出身の鳥類学者山階芳麿《やましろよしまろ》が私費で創設した山階鳥類研究所が最初ですが、一般の人々の野鳥観察を推進する組織は欧米より約三〇年出遅れたものの、日本でも自然保護という概念が登場してきたことを象徴しています。野鳥という言葉は悟堂が発明しましたが、「日本野鳥の会」創設の翌年、悟堂が執筆した『野鳥と共に』が文部省推薦図書となり、世間に定着してきました。

当初、会員は鳥類学者、民俗学者、貴族などに限定されていましたが、次第に一般の参加も増加し、全国各地に支部も誕生して一九四四年には会員が約一八〇〇人になり、現在では八九の支部と約五万人の会員により構成されています。しかし、イギリスの王立野鳥保護協会の約一〇〇万人、アメリカのオーデュボン協会の五六万人と比較すると、創設からの時間の長短だけではなく、日本の自然保護への関心が未熟であることを実感します。

自然保護への貢献

しかし悟堂自身は自然保護に数多くの貢献をし、石川、富山、福井、岐阜の四県に展開する白山国定公園を国立公園に昇格させることを石川県知事から依頼されたときには、すでに還暦となった一九五五年に一帯の動物、植物、地質の調査を実施し、その調査結果により、六二年に国立公園に昇格しています。また、トキの絶滅が話題に

ウトナイ湖

なったときには、六四歳にもかかわらず能登半島での分布調査に参加しています。「日本野鳥の会」としては、さらに数多くの貢献があります。一九六三年には従来の日本の野生動物への見方から「狩猟法」とされていた法律を「鳥獣保護法」に改正し、八一年には北海道の千歳空港の付近にあるウトナイ湖を直営のサンクチュアリ（自然保護地域）にし、これも北海道で一七年間も論争のあった千歳川放水路計画を中止にする活動にも貢献しています。このように悟堂の意思は継承されてきました。

最後まで自然保護に活躍

悟堂が生活していた杉並区善福寺は戦争末期の一九四四年に軍部が占拠して森林を伐採したため、多摩川沿いの福生《ふっさ》に土地を借用して移転しますが、翌年になると空襲の不安も増大してきました。その時期の心境を「この戦／はや詮なきを／新聞の／戦火の白書／なほしらじらし」と吐露しています。そこで山形の蔵王山麓に疎開しますが、終戦になって帰京してみると、借地は軍部が占拠しており、仕方なく対岸の秋川市の農家に移住し、五四年までそこで生活しました。

「野鳥友の会」発足と同時に発刊した雑誌『野鳥』は用紙の配給統制から一九四四年に廃刊となりますが、戦後の四七年に復刊されます。それとともに悟堂は全国を巡回して野鳥保護運動を推進し、さらに自然保護に活動を発展させ、それらの貢献により八二歳になった七七年には文化功労者として顕彰されています。肝臓ガンにより八九歳で死去しますが、波乱万丈の人生にもかかわらず、一貫して日本の環境保護に多大の貢献をした人生でした。

R・カーソン

生物環境の危機を世界に警告した

(1907-64)

世界を変革した言葉

世界には短文であっても未来を見通した言葉が数多く存在します。イタリアの天文学者G・ガリレイは地球が公転していることを一六三〇年に『天文対話』で表明し、宗教裁判で有罪となりますが、「それでも地球は移動している」とつぶやいたとされています。ガリレオが主張した、地球が太陽の周囲を周回しているという見解は三〇年後には明確になりますが、ローマ法王がガリレオへの処分を謝罪したのは約三五〇年後でした。

社会革命をもたらした言葉もあります。「明日、世界が滅亡しようとも、今日、自分はリンゴの苗木を植栽する」という言葉は一六世紀に活躍したM・ルターの言葉ですが、その言葉のように宗教改革が実現しました。フランスの女性作家S・ド・ボーヴォワールには「人間は女性として誕生するのではなく、女性に成長する」という言葉があります。現在では大半の社会で男女同権が常識ですが、この言葉が七〇年前に表明されたときには革命でした。

環境問題についての名言も数多くあります。スウェーデンのノーベル化学賞受賞者S・アレニウスは一八九六年に「現在の人間の活動は空中に石炭を拡散させている状態で、大量の炭酸ガスにより地球は温暖になる」と発表しましたが、不幸にも的中しました。アメリカで社会運動を推進したR・ネーダーは一九六五年に『どのような速度でも自動車は危険』を出版し、現在の自動車に常備の新型サスペンションやシートベルトの導入を実現しました。

そして現在の世界が地球規模の環境問題に目覚める契機となったのは「春が到来したが沈黙の春であった」という言葉でした。この言葉が登場する書物『沈黙の春』は一九六二年に出版されて半年で五〇万部が発売され、同年にドイツで、翌年にフランス、スウェーデン、デンマークなどで翻訳され、二年後には日本でも翻訳されるなど世界に波及しました。この衝撃の書物の著者がレイチェル・カーソンです。

DDTを批判した衝撃の書物

終戦直後の日本を撮影した写真に、多数の子供が頭上から白色の粉末を散布されている光景が記録されています。この正体はＤＤＴ（ディクロロ・ディフェニル・トリクロロエタン）という薬品で、一八七三年にオーストリアの学者が合成していましたが利用されないままでした。一九三九年になり、スイスの技師Ｐ・Ｈ・ミュラーが殺虫効果のあることを発見して農薬として利用され、戦後、ミュラーはノーベル生理学医学賞を受賞しています。

アメリカは第二次世界大戦中に薬剤としての開発に成功しますが、安価かつ大量に生産が可能で少量で殺虫効果があり、しかも人畜無害のようであったため、大量に使用しはじめました。合成方法の特許を保有するアメリカ企業は海外輸出を禁止していましたが、日本を占領していた連合国軍総司令部の手配で援助物質として輸入され、子供の頭上から散布するだけではなく、都市の衛生状態改善のために上空からも散布されたりしていました。

ＤＤＴの殺虫効果は顕著であり、一例としてセイロン（スリランカ）では一九六二年まで一五年間、ＤＤＴを定期散布した結果、年間二五〇万人にもなっていたマラリア患者が三一人にまで激減しました。ところがＤＤＴの散布を中止してから五年後には再度、患者が二五〇万人を突破し、殺虫効果が確認されました。その結果、現在で

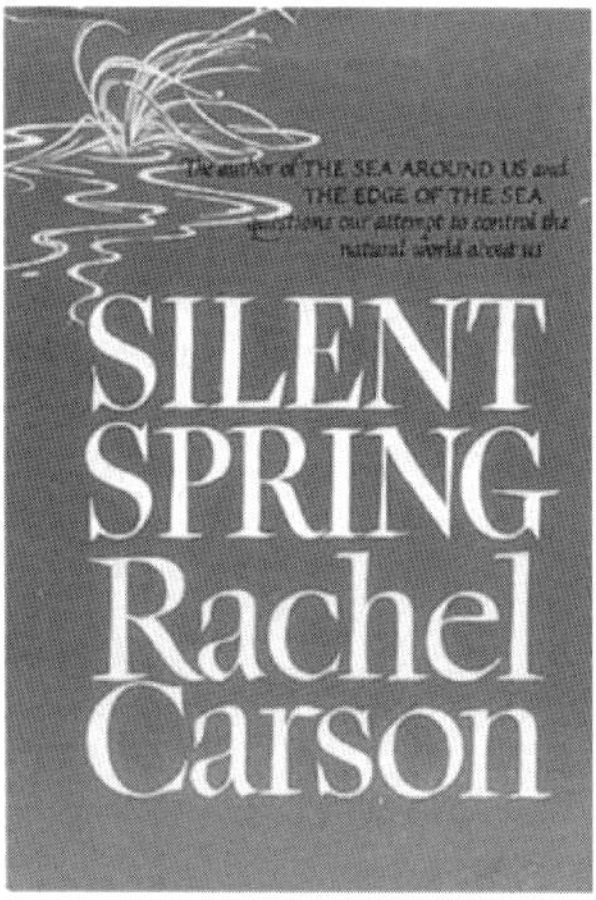

『沈黙の春』（1962）

もマラリア患者が多数発生する発展途上諸国では、ＤＤＴが安価なこともあり、使用が継続しています。

一方、日本をはじめ大半の先進諸国ではＤＤＴの製造も使用も禁止されていますが、それを実現したのがカーソンの著書『沈黙の春』でした。カーソンの警告の一部を要約して紹介します。「アメリカの都市では、樹木の害虫駆除のため毎年二回ＤＤＴを散布していましたが、その薬剤が付着した落葉はミミズの好物で、ＤＤＴは体内に蓄積され、それをコマドリがエサとします。一匹のミミズに蓄積された薬剤はコマドリが死亡するのに十分なのです」

「鳥類だけではなく魚類にも被害は波及し

ています。カナダのある河川の上流はサケが遡上して産卵する場所でした。ところが樹木の害虫駆除のため、一九五〇年代にＤＤＴが上空から森林に散布されました。それから数日して川岸にサケの死骸が目立つようになり、林道では小鳥の死骸も発見されました。散布の前年の産卵から誕生した稚魚はすべて死滅しました。こうして自然は破滅に直面し、そこに生育する生物も消滅していきました」

さらにカーソンが『沈黙の春』で警告したのは環境ホルモンでした。ＤＤＴの成分が動物に不妊作用をもたらすのです。ある大学の構内に、一九五四年には三七〇羽もコマドリが棲息していましたが、三年後には一羽の雛鳥も発見できなかったという事例や、ある研究機関がＤＤＴの散布と鳥類の死亡の関係を調査するため、地方都市の住民に、死亡した鳥類の報告を依頼したところ、一〇〇〇例にもなったという事例も紹介されています。

政治が環境問題に注目した契機

このような書籍がベストセラーになると農薬会社や保守系政治家などにとっては迷

惑で、カーソンへ非難が集中し、農薬業界は「カーソンの見解を信用すれば、害虫と病気が地球に襲来する」というような攻撃までしました。このような攻撃はカーソンの死後も継続し、二〇〇〇年代になっても「カーソンがDDTの禁止を主張しなければ何百万人ものマラリア患者は死亡しなかった」という批判がなされています。

ところがケネディ政権のS・L・ユードル内務長官が大統領に『沈黙の春』を紹介したところ、大統領が共感し、諮問機関に調査を命令しました。その結果、出版の翌年の一九六三年にアメリカではDDTの使用が全面禁止になりました。これは環境保護を主張する人々への力強い応援となり、六九年には国際連合の機関ユネスコが三月二一日を地球環境を討議する「アースデイ」にし、現在も継続しています。

さらにアメリカの上院議員G・ネルソンが一九七〇年四月二二日に環境問題を討論する集会を世界各地で開催することを提起した結果、合計二〇〇〇万人以上が参加する活動となり、以後、四月二二日も「アースデイ」となっています。そして七二年には「オンリー・ワン・アース（かけがえのない地球）」を標榜した国際連合人間環境会議がストックホルムで開催され、一人の女性の著書が世界規模の地球環境運動を発生させたのです。

念願の作家に回帰

カーソンは一九〇七年にペンシルベニアの人口三〇〇〇人弱の地方都市スプリングデールに誕生しました。子供のときから作家を目指し、ペンシルベニア女子大学では文学を専攻しますが、たまたま受講した生物の授業の影響で生物学者を目指し、ジョンズ・ホプキンス大学の修士課程に進学します。アメリカでさえ一〇〇年前には理系の女性は物珍しい存在で、唯一の女子学生でした。

そのような時代ですから就職できる企業はなく、一九三五年にアメリカ合州国漁業局に就職します。当時、そこでの正規の女性職員は二人だけという時代でした。彼女の仕事はラジオで海洋生物の世界を紹介する七分間の連続番組「海中のロマンス」の制作でしたが、そのため首都ワシントンの東側にあるチェサピーク湾岸を頻繁に訪問して漁師などに出会い、そこでの経験を地元の新聞や雑誌に投稿していました。

それらの原稿を基礎にしたのが最初の著作『潮風の下に』（一九四一）でした。ここにはアジサシのような鳥類やサバのような魚類、アッケシソウのような植物など六

○種類以上の生物が登場し、それらの視点から海洋世界を紹介しています。四三年、カーソンは新設された連邦政府の魚類・野生生物部局に生物学者として移動し、一般社会を対象にした環境保護の必要や魚食が健康に有用であるという啓蒙冊子などを執筆します。

戦後の一九五一年になり、第二の書籍『われらをめぐる海』が出版されます。内容は三部から構成され、最初に地球の起源から海洋の誕生、その表層から深海までを説明、二部では海流や潮汐の仕組、それらが人間の社会にもたらす影響、三部では海洋に進出した人間の歴史などが紹介されています。これは発売から八一週間『ニューヨーク・タイムズ』のベストセラー一覧に登場し、三二の言語に翻訳される大成功作となりました。

この成功を契機に、翌年、役所を退職し、子供時代からの念願であった作家に転向します。そして一九五五年に出版されたのが第三の書物『海辺』でした。これは「まえがき」にも簡潔に説明してあるように、岩礁海岸、砂浜、サンゴ礁という三種の海岸を生物と地球の関係という視点で説明しながら生命の本質を説明する内容です。B・ハインズによる多数の図版とともに、海洋が生物の誕生と発展のもっとも重要な場所であることが理解できるようになっています。

翌年、いずれ長編にする予定で『センス・オブ・ワンダー』という短編を出版します。しかし、友人から役所がＤＤＴの空中散布をした結果、小鳥が次々と死亡するという手紙が送付されてきたことを契機に、一九五八年からＤＤＴの問題を提起する書物の執筆の準備を開始します。膨大な資料と格闘している最中、ガンを宣告されますが、闘病しながら六二年九月に『沈黙の春』を完成させ、一年半後に逝去しました。五六歳でした。

生涯に何百という小説を執筆する作家が存在する一方、カーソンは短編『センス・オブ・ワンダー』を合計しても生涯に五冊の書物を出版しただけです。しかし、遺作ともいうべき『沈黙の春』は五〇年以上前に世界が地球規模の環境問題に注目する契機となっただけではなく、国際連合人間環境会議をはじめ、気候変動枠組条約締約国会議、生物多様性条約締約国会議などが創設され、世界の政治が環境問題に取組む契機となった書物です。

伊庭貞剛

企業の社会責任の先駆

（1847-1926）

企業利益から社会責任への転換

世界最初の株式会社は一六〇二年三月二〇日にアムステルダムに設立されたオランダ東インド会社とされています。それ以前にイギリス東インド会社が存在しますが、株主の有限責任、株式譲渡の自由、複式簿記の採用、重役会議の設置など、現在の株式会社と共通する特徴を具備した最初の組織がオランダ東インド会社でした。さらに一回の貿易で会社を解散せず、事業の継続を前提にした会社としても最初でした。

一方、現在と相違するのは外部社会への影響を考慮しない経済活動であったことです。企業と株主の利益のみ追求する結果、経済格差や環境問題などが発生し、重大な社会問題になってきました。そこで現在では企業の社会責任という概念が登場し、企業は株主の利益とともに地域社会から地球環境まで配慮した活動を要求されるようになっています。そこで明治時代に企業の社会責任を遂行した伊庭《いば》貞剛《ていごう》を紹介します。

資源大国であった日本

日本は様々な資源を海外から輸入しています。石油、石炭、天然ガスなどのエネルギー資源の自給比率は八％、食料も主食のコメは自給していますが、全体の自給比率はカロリー換算で四割、国土面積の七割が森林であるにもかかわらず木材も三割しか自給できていません。金属資源も、金、銀、銅、鉄など主要な資源のすべてが自給比率は一桁でしかありません。これは資源安全保障の視点から日本の重大な弱点です。

しかし、明治時代以前の日本は世界有数の金属生産国家でした。江戸時代には金を年間〇・四トン、銀を二五トン程度生産していましたが、銀は世界の全生産量の三割に相当する大生産国でした。銅についても江戸時代後半には年間一八〇〇トンを生産しており、当時の世界の三割に相当する規模でした。この銅の生産の中心が栃木にある足尾銅山と愛媛にある別子《べっし》銅山でした。

別子銅山を発展させた広瀬宰平

別子銅山は新居浜市の背後の山中で江戸時代初期の一六九〇年に発見されまし

た。その情報が備中の吉岡鉱山で銅鉱を採掘していた住友の田向重右衛門《たむけじゅうえもん》にもたらされ、検分の結果、有望な鉱山と判明し、翌年、徳川幕府から住友が請負稼行を認可され発掘してきました。一九七三年の閉山まで約二八〇年間に約七〇万トンの銅を産出し、日本を世界有数の銅産出国にし、住友が巨大財閥に発展する基礎ともなりました。

別子銅山に勤務していた広瀬宰平《さいへい》が明治維新直前に鉱山経営の改善を提言したところ、住友の家長から総支配人に抜擢されます。明治維新になり、政府は別子銅山の接収を検討しますが、広瀬が鉱山経営の経験のない人間が運営すると国家の損失になると説得し、住友が継続して経営することになります。広瀬は西洋技術を導入して別子銅山を発展させ、一八七七年に住友の第一二代家長の住友友親《ともちか》から住友家総理人に任命されます。

経営権限を委譲された広瀬は改革を断行しますが、立案した新規の事業の業績が順調ではなかったうえ、合議制度の経営体制を総理人が一人で決定できるように制度を改変し、内部で浮上していた銀行設立の意見を封鎖するなど独裁が目立つようになり、さらに鉱山の公害問題も発生し、広瀬は孤立していきます。そこで一八九四年に辞任し、浮上してきたのが広瀬を叔父とする同郷の伊庭貞剛でした。

紆余曲折の住友への入社

伊庭は江戸末期の一八四七年に近江国西宿村（滋賀県近江八幡市）の代官伊庭貞隆の長男として誕生します。母親は広瀬宰平の実姉でしたが、理由があって七歳まで母方の実家で生育します。尊皇思想を西川吉輔《よしすけ》に指導され、明治元年に朝廷に出仕した西川の勧誘により、上洛して明治政府の司法関係の官吏となります。函館と大阪で勤務しますが、官界に馴染まず七八年に辞任し、挨拶に訪問した叔父の広瀬宰平の要請で翌年に住友に入社しました。

住友の大阪本店の支配人に就任しますが、関西での財界活動にも活躍し、五代友厚《ともあつ》や山本達雄などとともに私立大阪商業講習所（大阪市立大学）、大阪紡績、大阪商船などの設立にも参画しています。そして一八九〇年には滋賀三区から衆議院議員に当選します。同期で栃木三区から当選したのが、足尾銅山の鉱毒事件で議員を辞職して明治天皇に直訴したことで歴史に名前を記録される田中正造であったことは偶然とはいえ奇縁です。

ところが伊庭が当選した直後に第一二代家長の友親、第一三代家長の友忠が相次いで急死したため、すべての公職を辞職して家督相続に奮闘し、問題を解決します。そこで住友に出戻り、一八九四年に別子に単身赴任します。その前年から別子銅山では銅鉱石製錬所から発生する亜硫酸ガスが周辺の農業に被害をもたらす煙害により、農民の暴動が発生する事態になっており、その影響もあって広瀬が引退することになり、伊庭が後継となります。

四阪島製錬所の建設

この煙害問題は以前から指摘されていました。広瀬が別子銅山の仕事を引受けた直後に鉱山経営や鉱山技術についての指導のため、フランスの鉱山学者Ｌ・ラロックに来日を要請し、一八七四年に契約します。広瀬の月給の六倍に相当する六〇〇円を支払いますが、翌年に広瀬が一〇万円の価値があると絶賛した『別子銅山目論見書』が完成します。そこには煙害問題の対策として損害賠償のために資金を用意しておくことも記載されていました。

赴任した伊庭は煙害で枯木ばかりの荒廃した鉱山周辺の山肌を眺望し、別子銅山周辺の住民に補償するだけでは根本からの解決にならないと判断します。そこでこれまでの森林を伐採しながら山中で薪炭を燃料として製錬する方法から石炭を燃料にする方法に転換する必要があると判断しますが、そうすれば海岸にある現在の惣開《そうびらき》製錬所の拡張が必要であり、さらに平地での煙害が拡大するという矛盾に直面します。

そこで伊庭が決断したのが新居浜沖二〇キロメートルにある無人の四阪島《しさかじま》に製錬所を建設するという大胆な計画でした。事前に個人名義で用地を購入し、一八九五年の年末に四阪島製錬所の建設の願書を政府に提出します。これを契機に周辺町村が工場誘致の運動を展開し、すでに引退していた広瀬も港湾、水道、住居など社会資本が皆無の場所に移転するのに必要な巨額の費用は損害賠償に充当することを進言します。

しかし伊庭には将来を見通した構想がありました。燃料を石炭に転換すれば遠方から輸送してくる必要がある。さらに別子銅山にも鉱石が枯渇する時期が到来し、海外から鉱石を輸入することになる。そうなれば資源を陸路で新居浜市まで輸送するよりは海運のほうが有利であるという理由でした。そのような判断で一八九七年に四阪島製錬所は着工され、別子銅山の二年の利益に相当する巨額の資金を投入して完成しました。

Wikimedia Commons

四阪島精錬所

しかし残念ながら伊庭の大胆な計画にもかかわらず煙害問題は解決せず、一九〇五年に完成した四阪島製錬所が操業を開始すると、煙害は広範に拡大しました。そのため当面の対策として、年間の生産を二〇万トン以下に制限するとともに損害賠償計画を締結することになります。この問題が解決したのは三〇年以上経過した三九年に中和脱硫技術が開発されたときで、伊庭の没後一三年目のことでした。

山林の環境復元へ尽力

しかし、伊庭が生前に実現した仕事があります。荒廃した山林の復元です。鉱石を採掘した山肌は完全な禿山になり、伊庭の赴任以前から植林は実施されていたものの、その本数は毎年数万本という単位でした。ところが伊庭が赴任した一八九四年に一二万本になり、四年後には一〇〇万本を突破し、最大のときには二五〇万本が植樹されました。晩年、伊庭は別子の植林こそ自分の本当の事業と述懐しています。

それ以外に、鉱山から排水される毒水が河川に流入しないように標高七五〇メートルの地点から海岸まで延長一六キロメートルの水路を煉瓦で構築、海岸に中和処理施設を建設しています。四阪島製錬所の建設も環境問題への対策として計算すると、伊庭が別子に赴任してから新製錬所が操業を開始した一八年間に投入された費用の半分が環境対策費用でした。現在の基準からは十分な環境対応とはいえませんが、企業の社会責任の先駆です。

一八九〇年に国会議員に当選した伊庭貞剛と田中正造が、手法は相違するものの、日本の近代国家への発展に寄与した別子銅山と足尾銅山の環境問題に挑戦したことは、明治の人間の気概を証明しています。採鉱開始から二八〇年以上、住友財閥を発展させてきた別子銅山は一九七三年に閉山し、現在は世界文化遺産への登録が検討されていますが、環境問題へ挑戦した遺跡として後世に伝達する価値は十分にあります。

悠々自適の晩年

一八八七年に四〇歳で別子に赴任してから一八年後の一九〇五年、四阪島製錬所の操業開始を契機に伊庭は五八歳で引退します。四年前に住友家総理事という最高の役職に就任したばかりでしたが、「事業の進歩発達に最大の弊害は青年の過失ではなく老人の跋扈《ばっこ》である」との信念から言行一致の引退でした。別子に赴任するときに故郷の大津石山に購入した山林に邸宅を建設、悠々自適の生活を享受して二六年に八〇歳で逝去しました。

明治以前にも農地の拡大のため湿地は干拓され、山林は開墾されてきましたが、規模も広大ではなく、社会問題になることは例外でした。しかし、工業社会に転換した明治以後、先進諸国が経験した環境問題が日本でも発生しはじめます。この問題に果敢に挑戦した一人が伊庭貞剛でした。現在の環境問題は地域の問題から地球の問題に拡大していますが、その解決の一歩は地域からです。そのような視点でも伊庭貞剛の精神は見直されるべきです。

河鍋暁斎

北斎に匹敵する天才絵師

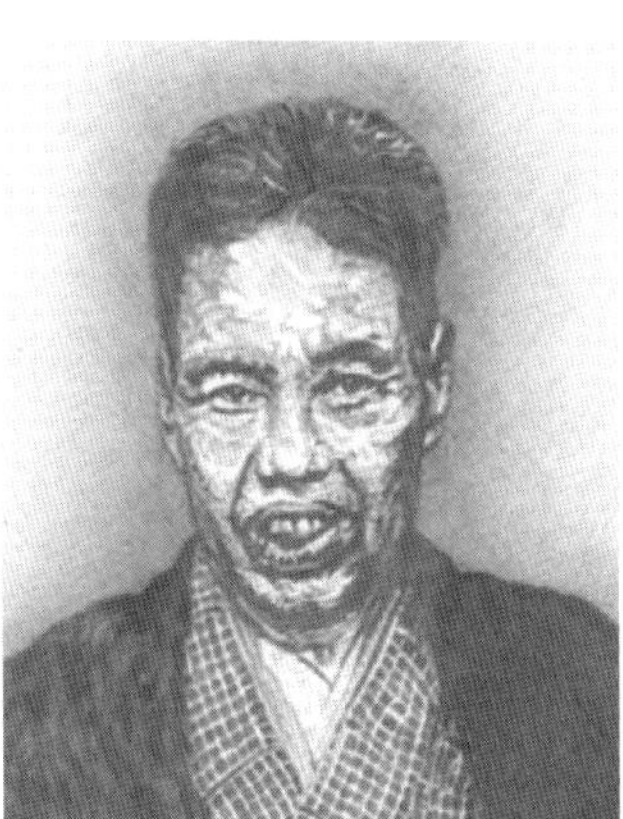

（1831-89）

浮世絵師の双璧・北斎と暁斎

二〇一九年は江戸時代後期の浮世絵師・葛飾北斎の没後一七〇年であり、数多くの記念行事が開催されました。ある程度、名前が記録されている江戸時代の浮世絵師だけでも約一二〇〇名になるので、その何倍もの絵師が存在していたと推定されますが、その頂点が北斎でした。江戸時代の前期では菱川師宣や鳥居清長、中期では喜多川歌麿や東洲斎写楽、後期では歌川広重や歌川国芳などの人気絵師が著名ですが、北斎は抜群の存在でした。

幕末になって外国との交流が徐々に開始されると、様々な日本文化が海外に紹介されるようになりますが、ヨーロッパに多大の影響をもたらしたのが浮世絵でした。ゴッホは自身で収集した数多くの浮世絵を油絵で模写していますし、マネやドガなど印象派の画家たちの構図にも影響しています。北斎が絵画の手本として描写した膨大な素描の集成『北斎漫画』はフランスの食器の挿絵として模写されているほどです。

北斎ほどではないものの西欧で評価されたもう一人の絵師がいます。河鍋暁斎《かわなべきょうさい》です。

その名前は来日したヨーロッパの人々の記録に数多く登場します。フランスの画家F・レガメは「すべてを描写しようとする画家が存在する。それが北斎であり暁斎であった」。イギリスの作家A・モリソンは「狩野派の門弟で名声が日本国外まで浸透していたのは河鍋暁斎であった」という具合です。

海外だけではなく、暁斎は国内でも評価されていました。数多くの美術評論のある竹内梅松は「明治初年の東京画壇は多士済々であるが、骨法用筆や随類伝彩では暁斎以上の存在はない」と評価し、東京大学で建築を教育していたイギリス出身のJ・コンドルは暁斎の弟子であったことを割引いても、暁斎が死去したとき「日本が一人の偉大なる画家、現代最高の逸材を喪失したことを意味する」と追悼しています。

画鬼と名付けられた才能

かつてはこのように評価されながら、現代では北斎に比較して過小な評価しかされていない河鍋暁斎を紹介します。暁斎は天保二年（一八三一）に下総国古河石町（茨城県古河市）に河鍋記右衛門と豊の次男として誕生し、幼名は周三郎でした。父親は米穀商店亀屋の次男でしたが、古河藩士河鍋喜太夫信正の養子として武士となり、暁斎の誕生した翌年に一家で江戸に移住、定火消同心甲斐氏の後継として甲斐記右衛門を名乗ります。

暁斎は幼少から画才があったため、六歳になったとき、父親が著名な浮世絵師歌川国芳に入門させます。この時期に有名な逸話があります。八歳になったとき、梅雨で神田川が氾濫し、付近を通行していた暁斎の足元に生首が漂着しました。一旦は驚嘆したものの、絵心から写生しようと自宅の物置に隠匿していたところが下女が発見して騒動となり、現場に返還しますが、そこで生首を写生したということです。

これほど熱中して修行していたため、国芳に可愛がられましたが、江戸っ子で侠気があり、火消や無頼の人々と交友のある国芳に感化されることを心配した父親が二年ほどで退学させ、駿河台狩野派の絵師前村洞和《とうわ》に入門させます。しかし翌年、洞和が死去したため、洞和の師匠の洞白《とうはく》に師事するようになります。ここで九年の修業をして正統派日本画を習得し、一八歳のとき狩野本家より絵師の免許を授与され、洞郁《とういく》陳之《のりゆき》と名乗ります。

師匠の洞白が幕府より下命された日光東照宮総御廟の修繕を助手として手伝い実力

を認知され、洞白が江戸城西丸紅葉山御殿の修復を下命されたときも助手をしています。さらに駿河台狩野家の本家になる木挽町狩野家に黒田家から襖絵の依頼があったとき、駿河台狩野家が代行することになり、洞郁をはじめとする門弟が勇躍して完成させますが、その出来を本家が検分したときに感心されたという逸話もあります。

暁斎は才能だけではなく絵画への異常な情熱も発揮しています。一八四六年正月に江戸に「丙午の大火」が発生して本郷から佃島まで消失しました。このとき暁斎の生活する火消長屋も延焼し、家族は家財道具の搬出に奮闘していましたが、暁斎は手伝いもせず、屋敷の消失する様子を写生していたそうです。北斎にも同様の逸話があり、「画狂老人」と名乗った北斎と、師匠に「画鬼」と名付けられた暁斎には共通する芸術家魂が存在していました。

明治政府を風刺して逮捕

一八五〇年に、師匠洞白の斡旋で同門の館林藩秋元家の絵師坪山洞山の養子となり、坪山洞郁を名乗りますが、昼間より飲酒をし、外泊もするような生活であったため、翌年の洞白の逝去を機会に離縁され、放浪生活をするようになります。その期間は絵馬や羽子板絵を描写して生活しますが、その一方で、土佐派、四条派、円山派などの日本画のみならず浮世絵も模写するなど研鑽し、画力を向上させていきます。

一八五五年に関東から東海にかけて安政江戸地震が襲来します。江戸の死者だけでも一万人近くと推定される甚大な被害をもたらしますが、暁斎は地震に関係する鯰絵《なまずえ》を描写して世間に登場します。しかし貧乏は相変わらずで衣服も満足に購入できず、住居も不定という状態でした。ようやく五七年になり琳派の始祖酒井抱一《ほういつ》の弟子鈴木其一《きいつ》の次女の阿清と結婚して独立した絵師となり、父親の希望によって河鍋を継承することになりました。

暁斎は以前から「惺々狂斎《せいせいきょうさい》」とも名乗っていたと記録されています。芸術には一般の人々からすれば狂気と見做されるような精神が必要とされますが、狂斎も同様に、絵画のことになれば夢中になる性格であり、それを表現した名前です。実際、幕末には『狂斎画譜』『狂斎百図』などの狂斎の名前で画集を出版しています。しかし、明治になった一八七〇年から「狂斎」を「暁斎」に変更しますが、これはある不幸な事件に由来するものです。

江戸時代から明治時代にかけて書画会という催事が頻繁に開催されていました。これは寺院や料亭などに画家、書家、歌人などが自作を出品する一種の展示会で、会場で作家が即席で作品を創作する企画もありました。詳細は不明ですが、一八七〇年一〇月に上野の料亭で開催された書画会に出席した狂斎は鯨飲しながら即席で戯画を制作しますが、その内容が明治政府の役人を風刺する内容だとされ、官憲に逮捕され投獄されてしまうのです。

明治初期の裁判制度も整備されていない時期で、不潔な獄舎で病気になり、一旦は療養のために静養し、健康が回復した段階で再度、入牢させられ、翌年正月に獄舎の門前で笞打ち五〇の刑罰により釈放されるという災難でした。この結果、過剰な飲酒を反省した暁斎は名前を「狂斎」から「暁斎」に改号、疲労した肉体と精神を回復するために伊豆の修善寺温泉に投宿し、数十日後に心身ともに回復して帰京しました。

活躍した晩年

これは災難でしたが、一方で暁斎は有名となり、作品の注文が増加、数多くの名作を制作しています。有名な作品は一八七三年に開催されたウィーン万国博覧会の日本庭園の入口に掲示された大幟「神功皇后武内宿禰図《じんぐうこうごうたけのうちのすくねず》」、八〇年に四時間で完成させたという新富座の全幅一七メートル、全高四メートルの引幕、暁斎の名前を有名にした八一年の内国勧業博覧会に出品した「枯木寒鴉図《こぼくかんあず》」などがあります。

暁斎を外国で有名にしたのは工部大学校造家学科の教授としてイギリスから来日し、東京帝室博物館、鹿鳴館、三菱一号館、三井家倶楽部など数多くの建物の設計をしたJ・コンドルが暁斎に入門したことです。コンドルは暁斎から「暁英《きょうえい》」という名前を授与され、一緒に写生旅行をするほど親密で、暁斎の臨終を看取っています。そして暁斎没後の一九一一年には暁斎の伝記『河鍋暁斎・本画と画稿』を英文で出版しています。

岡倉天心とE・フェノロサは一八八七年に設立された国立の東京美術学校の日本画科の初代教授を暁斎に委嘱しようしていたようですが、残念なことに胃癌のために八九年に逝去しました。その最後の時期に暁斎を診察したのがドイツから医学の教授として東京大学に招聘されていたE・ベルツですが「現存の日本最大の画家である暁斎は今日はもつまい。胃癌にかかっているのだ」と『ベルツの日記』に記録しています。

多数の人々から敬愛された暁斎ですが、本人も報恩の精神のある人柄でした。歌川国芳には二年ほど師事しただけでしたが、後年になり国芳の絵画には一拝して展観するほど生涯尊敬していましたし、わずかな期間、師事しただけの前村洞和についても、自身で描写した肖像を掛軸にし、さらに彫師に依頼して彫像を制作し、忌日には丁重に供養していたと伝承されています。暁斎の人柄を彷彿とさせます。

曾孫の尽力で浮上してきた暁斎

暁斎の弟子は数多く存在しますが、とりわけ次男の河鍋暁雲（一八六〇－一九〇八）と長女の河鍋暁翠《きょうすい》（一八六八－一九三五）が有名です。暁雲は父親の画風を継承した日本画家で、第三回内国勧業博覧会（一八九〇）に出品した「雷神」は一等褒状を受賞しています。二二歳で暁斎と死別した暁翠は日本美術協会会員としても活躍し、一九〇二年創設の東京女子美術学校で女性として最初に邦画を教授しています。

このように傑出した才能のあった暁斎ですが、外国での評価と比較すると、日本では一般には周知されていませんでした。それは才能のままに様々な様式の絵画を描写し、歌麿の美人画、写楽の役者絵、広重の風景画というように特定の主題に傑出する

河鍋暁斎記念美術館（埼玉県蕨市）

のではなく、どのような分野にも傑作を描写してきたことが影響しているかもしれません。さらに私見ですが、明治初期に政府を風刺して投獄までされた経歴が影響していたのかもしれません。

このような状況を打破しようと、暁斎の曾孫の河鍋楠美《くすみ》さんが大変な尽力をされました。一九七七年には蕨市の自宅を改装して河鍋暁斎記念美術館を開館、さらに九三年には大英博物館で、二〇一八年には京都国立博物館で肉筆画を中心とした展覧会の開催に尽力され、次第に一般にも名前が周知されるようになりました。暁斎没後一三〇年を機会に天才が外国だけではなく、日本でも認知されることを期待します。

M・ファラデー

謙虚で偉大な科学の偉人

（1791-1867）

ロングセラー『ロウソクの科学』

一六〇〇年も以前に出版された書籍が現在でも何社もの文庫から出版され、書店の店頭に陳列されています。『源氏物語』は一〇〇〇年以上前、『ロミオとジュリエット』は四二〇年以前など文学の世界では物珍しくないことですが、日進月歩の科学の分野では驚嘆すべき長寿の書籍です。それはイギリスで一八六一年に出版された『ロウソクの科学』という講演記録です。日本に対応させてみれば明治維新以前のことです。

一六六〇年にスチュアート王朝チャールズ二世の勅許により設立された王立協会（ロイヤル・ソサエティ）は正式名称が「自然知識を改善するためのロンドン王立協会」ということからも理解できるように、業績ある学者が会員となり、科学を社会に普及させることも重要な目的でした。そのため一八二五年から著名な学者がクリスマスの季節に一般の人々を相手に連続講演をするクリスマス講義が開催されてきました。

これは現在も継続されている有名な行事ですが、一八二七年から一八六〇年にかけて一人で一九回ものクリスマス講義を引受けたのがイギリスの化学・物理分野の学者

ファラデーのクリスマス講義

マイケル・ファラデーで、その最後の講演「ロウソクの科学の歴史」を書籍にしたのが『ロウソクの科学』です。ファラデーは同名の講演を二回開催していますが、書籍になったのは一八六〇年暮れから翌年の新年にかけて開催された六回の講演です。

製本職人から出発

ファラデーはファラデーの電磁誘導法則、ファラデー定数、静電容量の単位ファラッドなどに名前が使用されているほどの業績があり、A・アインシュタインが自室にI・ニュートン、J・C・マクスウェルとともにファラデーの肖像を掲載していたというほどの学者でした。ノーベル賞の創設（一九〇一）以前の学者ですが、もし二〇世紀に活躍していれば、六回は受賞していたであろうという意見もあるほどです。

ファラデーは学者になるような境遇には誕生しなかったということでも特異な存在です。当時のロンドン郊外にあった小村の鍛冶屋の三男として一七九一年に誕生しましたが、ほとんど学校には通学せず、近所で製本と書店を兼業する職人のところで年季奉公をしていました。しかし親方の好意で製本途中の書物の読書を許可され、とりわけJ・マーセットの『化学談義』に魅入られて熱心に勉強しました。

この科学に興味のある若者が二〇歳になった一八一二年に絶好の機会が到来しました。ファラデーの勤務する製本屋の上客の音楽教師W・ダンスが王立研究所の著名な教授H・デイヴィの四回の特別講演を聴講できる高価な切符を提供してくれたのです。歓喜したファラデーは科学の研究に魅入られ、王立協会会長J・バンクスに科学関係の仕事に就職したいという手紙を送付しますが、これは当然のように無視されました。

そこでファラデーはデイヴィの講演内容を三〇〇枚にもなる用紙に克明に記録し、得意の製本技術で立派な冊子にしてデイヴィに送付しました。感激したデイヴィから王立研究所に来訪するように連絡があり、勇躍訪問しますが、現在は雇用できないから製本に専念するようにと、採用してくれませんでした。ところが直後にデイヴィの助手の一人が解雇され、幸運にもファラデーは実験助手として採用されたのです。

デイヴィとヨーロッパ旅行

ファラデーが採用された一八一三年にデイヴィ夫妻はフランスを中心にヨーロッパ各国を旅行し、現地の学者と交流することになり、ファラデーは従者として同行します。これにはフランス皇帝ナポレオン・ボナパルトが関係しています。ナポレオンはエジプト遠征（一七九八－一八〇一）に一六七名の学者を帯同していたことが証明するように、科学に関心があり、デイヴィにも賞金とともにフランスへの入国許可を付与していたのです。

そこで一行は一〇月にイギリスを出発しますが、当時のヨーロッパには厳然たる階級社会が存続しており、下層の出自のファラデーはデイヴィ夫妻と同格とは見做されず、移動の馬車では御者と一緒の室外の座席で、食事もデイヴィ夫妻とは別室でした。しかし、道中ではデイヴィから様々な指導をされる機会があり、J・ゲイリュサックやA・ヴォルタなど錚々たる学者にも出会うことができ、得難い経験をします。

ところが突然、事件が勃発します。ナポレオンは前年（一八一二）のモスクワ遠征でロシアに大敗し、翌年はロシア、イギリス、プロイセンなどの第六次対仏大同盟との戦争にも敗戦し、エルバ島に島流しになります。ナポレオンは脱出して百日天下となりますが、デイヴィの一行が目指していた東欧で疫病の発生という情報もあり、一行は一五年に帰国しました。しかしファラデーはこの旅行で収集した鉱物資料を分析し、最初の学術論文を発表しています。

電気化学で次々と業績を発表

動乱のヨーロッパから帰国して王立研究所に復職したファラデーは様々な分野の研究に没頭します。ファラデーが研究を開始した一九世紀前半は近代科学の夜明けといわれる時期で、科学は巨大な転換の最中でした。したがってファラデーのような才能のある人間には最適の時期で、次々と発明や発見をしていきます。その主要な分野は電磁気学と電気化学ですが、以下に代表とされる成果の一部を紹介します。

化学の重要な仕事は物質の構造を分析し特定することですが、王立研究所には高度な分析設備と経験豊富な人材が存在していたので、民間企業から分析の依頼が集中していました。そのためファラデーが構造を特定した物質はイソブチレン、テトラクロロエチレン、ヘキサクロロエタンなど多数あり、一八二五年には「炭素と水素の新化合物について」という題名で、ベンゼンの構造についての論文を発表しています。

このファラデーの能力は師匠のデイヴィとの関係を微妙にしていきます。ファラデーの化学分野での主要な業績は気体の液化で、一八二三年には塩素の液化に成功します。ところがデイヴィも同様の研究をしていたため、ファラデーの成功を嫉妬し、師弟の関係が微妙になり、ファラデーが王立協会の会員になるときには猛烈に反対しています。しかし「自分の最大の発見はファラデーである」という発言もしており、複雑な心境を象徴しています。

電磁気学でも数々の業績

一八三〇年頃になり、ファラデーの研究分野は化学から電気に移行します。イタリアのA・ヴォルタが電池を発明したのが一八〇〇年ですから電気は新規に登場した研究分野でした。二一年にW・ウォラストンとデイヴィによる電流により磁針を回転させる実験が成功しなかったため、ファラデーは興味をもって実験し、連続して磁針を回転させせることに成功しました。しかし二人には剽窃したと非難され、一時、実験を中止していました。

しかし、デイヴィが一八二九年に死亡したため、電気に関連する実験を再開し、電磁誘導と電気分解を研究します。まず三一年に電磁誘導を発見しました。これは二年前にイタリアのF・ツァンテデスキが論文を発表し、数ヶ月前にはアメリカのJ・ヘンリーが発見していたのですが、高速通信手段のない時代には仕方がないことでした。残念ながらファラデーは数学の基礎知識が十分ではなく、これを理論にしたのはJ・C・マクスウェルという天才でした。

電気分解は一八〇〇年に二人の学者が実験に成功し、デイヴィも様々な溶液を電気分解した結果を〇六年に発表していますが、その法則を明確にしたのはファラデーで、三三年のことでした。A・G・ベルとE・グレイがほとんど同時に電話の特許を提出したように、一九世紀の初期には多数の学者が類似の発明や発見をしていましたが、広範な分野で数多くの偉大な成果を記録したのがファラデーでした。

人間としての魅力

しかし、ファラデーには科学の成果を上回る人間としての魅力があります。下層階級の家庭に誕生し、初等教育も中退という出自でありながら、研究への情熱を維持し、次々と成果を発表していきます。そこで王立研究所は一八二五年にファラデーを研究所長に任命します。初代は恩師になるデイヴィ、二代がファラデーで、その死後に三代として就任したのがティンダル現象で名高いJ・ティンダルというように一流の学者が就任してきた地位です。

五〇歳に近付いた一八三九年になって急速に健康が衰弱します。当時は薬害が話題になる時代ではなく、実験で使用していた水銀の蒸気や弗素を吸収したのではないかと推測されていますし、デイヴィが短命であったのも、同一の原因であったようです。しかし、夫人とスイスで約五年間静養した結果、健康を回復して研究に復帰し、直線偏光が磁場の影響で屈折するファラデー効果を発見し、研究能力を発揮しています。

晩年には社会問題にも関心をもち、多数の坑夫が死亡した炭鉱事故の調査、工場の排煙による大気汚染調査などを指導し、研究所長でありながらクリスマス講義を一九回も実施しているのは、このような社会貢献の精神に由来するものです。しかし、クリミア戦争（一八五三―五六）のときに政府から化学兵器の開発を要請されたときには「製造は容易だが、絶対に支援はしない」と拒否し、正義の意識も明確でした。

ファラデーは父親と同様、スコットランド国教会サンデマン派の敬虔な信者で、多忙な学者であるにもかかわらず、教会の役職を引き受けています。その一方で地位や栄誉には執着がなく、イギリスの学者にとっては最高の名誉である王立協会の会長への就任は二回も固辞していますし、イギリスの社会では最高の栄誉であるナイトの称号も辞退し、「ただのマイケル・ファラデーでいたい」と述懐していました。

一八四八年にヴィクトリア女王の夫君アルバート殿下からハンプトンコート宮殿に無償で生活していいとの申出があり、六八歳になった五八年からはそこで生活し、六七年に宮殿の自室の椅子で七六歳の人生を終了しました。生前からウェストミンスター寺院への埋葬を打診されていましたが辞退しており、ニュートンの墓所の付近に記念銘板のみが設置され、遺体はハイゲイト墓地の非国教徒区域に埋葬されました。

南方熊楠

世界が評価した在野の博物学者

（1867-1941）

奇抜で偉大な学者

皇居内部には生物学研究所と名付けられた施設が存在します。これは生物学者でもあった昭和天皇が研究をしておられた施設で、研究対象の一種が粘菌でした。一九二九年夏に昭和天皇が戦艦長門で和歌山県の田辺湾内に行幸されたとき、艦上で粘菌について御前進講し、粘菌の標本を桐箱ではなく市販のキャラメルの空箱に封入して献上した学者がいました。まったく常識に頓着しない学者でした。

イギリスで発行されている『ネイチャー』は一八六九年に創刊という歴史のある科学雑誌で、そこに論文が掲載されることは現在でも立派な業績ですが、一八九三年という明治時代に「極東の星座」という論文を発表し、それ以後、生涯に五一の論文を『ネイチャー』に発表した日本の学者がいます。しかし大学の教授でも企業の研究者でもなく、和歌山県の田辺に生活していた無職の在野の学者です。この奇抜な学者の南方《みなかた》熊楠《くまぐす》を紹介します。

アメリカ時代

南方熊楠は幕末の慶応三年（一八六七）四月に和歌山城の北側の橋丁という場所にある商家の南方弥兵衛とスミの次男として誕生しました。子供の時代から観察能力と記憶能力が抜群で、近所の商家で貴重な蔵書を閲覧し、それを記憶して自宅で筆写するという方法で『和漢三才図会』『本草綱目』『諸国名所図会』などを複製しています。一〇五巻からなる『和漢三才図会』は五年もかけて完成させるという執念でした。

一六歳になった一八八三年に和歌山中学校を卒業して上京、神田にあった英語で授業をする共立学校で勉強し、翌年、大学予備門に入学します。同期には作家になる夏目漱石、俳人となる正岡子規、日露戦争で海軍の作戦参謀として活躍する秋山真之、言文一致の文体を推進した山田美妙など錚々たる人物が在籍していました。しかし、熊楠は遺跡発掘や細菌採集などに熱中して中間試験で落第し、中退してしまいます。

そこで一旦、帰郷し、父親にアメリカで勉強したいと嘆願して許可されます。一八八六年暮に横浜から出航、翌年一月にサンフランシスコに到着し、地元の商業学校に入学しますが、商業を勉強するつもりはなく、ミシガンの州都ランシングに移動し、州立の農業学校に入学します。ところが何人かの学生と宿舎で泥酔したことの責任をとって退学する始末となり、南東のアナーバーに移動しますが、学校には入学せず、植物採集などに熱中していました。

その時期にスイスの博物学者K・フォン・ゲスネルの伝記に触発され、菌類や苔類など隠花植物の採集に熱中しますが、南部のフロリダには多数の苔類が繁殖しているという情報を入手し、一八九一年四月に汽車で三日かけてフロリダに到着して植物採集をし、さらに沖合にある小島キーウエストに旅行、九月にはキューバの中心都市ハバナに移動しました。明治時代としては驚嘆するような行動です。

一八八六年にキューバでは奴隷制度が廃止され、社会が動揺している時期でしたが、ハバナでサーカス一座の曲馬師川村駒治郎に出会い、その一座とハイチ、カラカス、ジャマイカなどを旅行しながら、サーカスの仕事を手伝うとともに、菌類や苔類を採集しています。翌年にはフロリダのジャクソンビルに帰還、採集してきた植物を整理し、以前から予定していたイギリスへ移動するため、九二年九月にニューヨークから客船でリバプールに出発しました。

ロンドン時代

ロンドンに移動した熊楠は和歌山県出身で横浜正金銀行ロンドン支店の中井芳楠店長を訪問しますが、そこで父親が死亡したとの手紙を受領しました。途方にくれた熊楠は安宿に宿泊し、これまで採集した植物標本の整理をしつつ、市内の博物館巡りをしていました。その最中に出会った片岡プリンスという骨董商人が熊楠の博識に感心し、大英博物館の考古学民俗学部長サー・W・フランクスに紹介してくれました。

そのような時期に、科学雑誌『ネイチャー』に「星宿構成についての五条」という質問が掲載されていることを発見し、その回答として一ヶ月間かけて論文「極東の星座」を作成します。これが日本人初の『ネイチャー』掲載論文となったため、熊楠は一躍有名になり、ロンドンの著名な学者と交遊するようになります。以後、熊楠は連日のように大英博物館を訪問して様々な言語の稀覯書籍を閲覧し、五二冊にもなる記録を作成しています。

このような活躍に感心した東洋図書部長サー・R・ダグラスは熊楠に館員になるよう勧誘しますが、自由であることを選択して辞退します。しかし、東洋の書籍目録の作成、仏像の名称の考証などに貢献しますが、当時はまだ東洋の人間への蔑視があり、それに反発して何度も騒動となり、ついに大英博物館への出入り禁止になってしまいました。父親の死亡によって日本からの送金も途絶え、一九〇〇年に日本への帰国を決意します。

田辺に定住

ロンドンから四五日間の船旅により神戸に到着、出迎えてくれた酒屋として成功している実弟の常楠《つねぐす》の和歌山市の住居に寄宿し、隠花植物などの採集に没頭します。しかし、連日の大酒で常楠との関係が悪化し、翌年の一〇月末に南方酒造の支店のある勝浦に移転します。以後しばらくは勝浦を拠点に紀伊半島南部の各地を探訪しながら植物採集をするとともに、『ネイチャー』などへ何編かの論文を寄稿しています。

一九〇四年に生涯の住処となる田辺へ移動し、紀州藩士であった地元の闘鶏神社宮司の田村宗造の四女の松枝と結婚することになりますが、結婚する以前に、木樽に一杯の自分の蔵書を松枝に贈物として送付したという奇抜な行動もしています。熊楠は四〇歳、松枝は二八歳で、当時としては二人とも晩婚でしたが、結婚した翌年の〇七に長男の熊弥が誕生し、さらに一一年には長女の文枝も誕生しています。

それでも採集活動は停止することなく、下帯一丁の丸裸で採集していたため、田植えをしていた女性たちに天狗と間違えられて大騒ぎになったこともありました。採集した粘菌の一部を大英博物館に寄贈したところ、イギリスの著名な学者A・リスターが注目して紹介したため、熊楠の評価も急速に上昇していきました。熊楠はイギリスの専門雑誌だけではなく、『東洋学芸雑誌』などにも寄稿するようになり、国内でも評価されるようになります。

ロンドンでは東洋の人間を蔑視する人々に反発して騒動となりましたが、日本でも問題を発生させています。一九一〇年に地元の学校で開催されていた会合に参加しようとしたところ入場を拒否されたため、手許の荷物を会場に投入しました。そこで家宅侵入の罪状で連行され、一八日間も監獄に留置されました。結局は無罪放免となりますが、その監獄で新種の粘菌を発見したため、もうしばらく滞在させてほしいと依頼したという逸話もあります。

神社合祀に反対

熊楠が乱入しようとした会場では神社合祀について議論する会合が開催されていました。日本では、古来、どの集落にも氏神を祭神とする神社がありますが、一九〇六年に成立した第一次西園寺公望《きんもち》内閣は集落ごとに存在する神社を一町村一神社に統合する神社合祀政策を強行します。この政策により、日本全体で二〇万社が存在していた神社のうち約七万社が一四年までに廃社になっています。この政策に強硬に反対したのが熊楠でした。

主要な反対理由は、敬神精神を弱体にする、地域が衰退する、愛国精神を喪失させる、古来の史跡や伝統を消滅させるなどでしたが、さらに熊楠が憂慮したのは廃社となった神社の周囲の森林が伐採され、自然の景観と環境が破壊されるとともに、そこに生息する生物が絶滅することでした。そこで地元の『牟婁《むろ》新報』に頻繁に反対意見を投稿し、『大阪毎日新聞』『東京朝日新聞』などにも反対意見を送付しました。

さらに東京大学の植物学者の松村任三《じんぞう》教授にも神社合祀を批判する長文の手紙を送付したところ、当時、内閣法制局参事官であった民俗学者の柳田国男が手紙を印刷して『南方二書』として広範に配布したため、熊楠の情熱が世間に伝播するようになりました。さらに何人かの国会議員が議会で反対質問をするようになり、一九二〇年に「神社合祀無益」という議決が成立して、熊楠は日本の環境保護運動の元祖とされるようになりました。

昭和天皇への御前進講

熊楠の名前は海外でも有名になり、一九一五年にはアメリカの農務省殖産興業局の高官が田辺まで熊楠を訪問し、アメリカへの招聘を伝達しますが、家族の事情もあり、結局は辞退しました。しかし、これらの逸話も影響し、冒頭に紹介した昭和天皇への御前進講が実現しました。天皇が行幸されたときに粘菌についての進講が可能かを打診するため、皇居内部の生物学研究所の主任服部広太郎博士が二九年春に田辺に内密に来訪したのです。

その結果、一九二九年六月一日に、昭和天皇が田辺から沖合の神島《かしま》に移動され、大切に保管していたアメリカ時代のフロックコートを着用した熊楠が島内を案内しました。それから戦艦長門の艦上で粘菌について進講が実現しました。無位無官の人間に

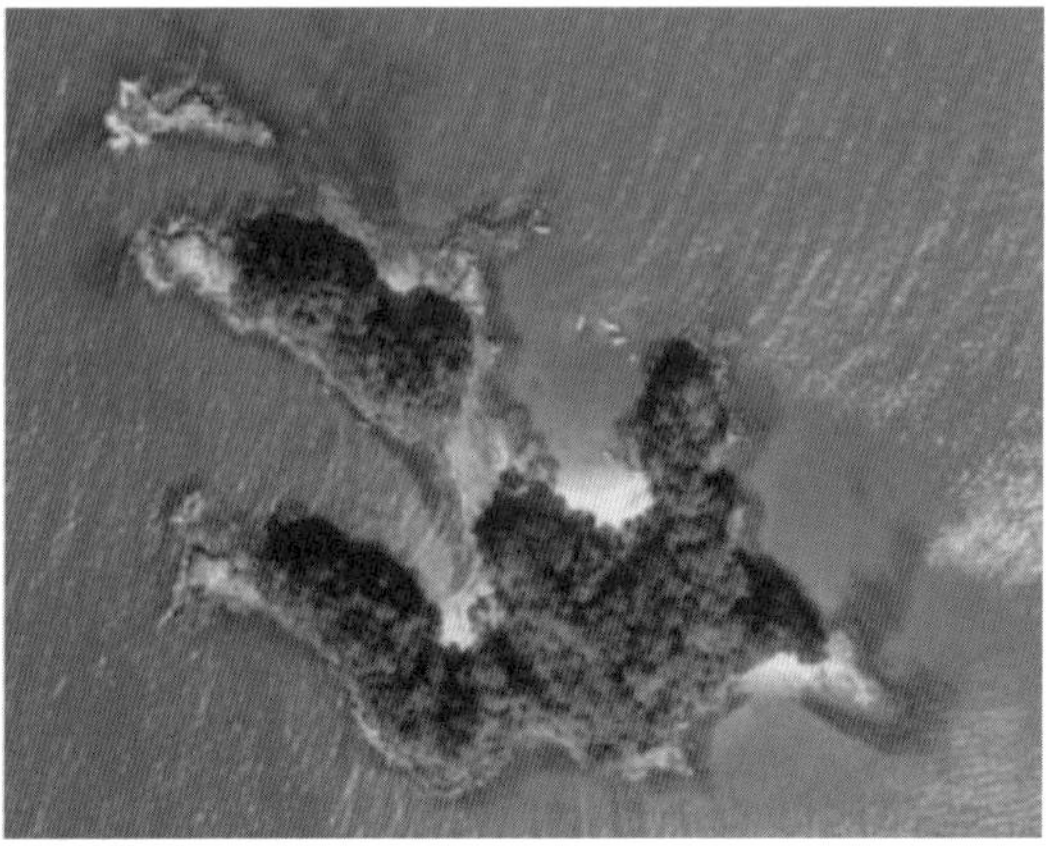

Wikimedia Commons

神島

よる日本最初の御前進講でした。翌年になり、熊楠の「一枝もこころして吹け沖つ風／わか天皇のめてましし森そ」という和歌を彫刻した行幸記念の石碑が神島に建立されました。

それ以後、熊楠は神島が国指定史跡名勝天然記念物に指定されることに尽力するなど環境保護に努力するとともに、これまでの発見を集成する『日本菌譜』の完成に集中しましたが、太平洋戦争開戦から三週間後の一九四一年一二月二九日に自宅で永眠しました。戦後の六二年に白浜を訪問された昭和天皇は「雨にけふる神島を見て／紀伊の国の生みし南方熊楠を思ふ」と詠まれ、歌碑が南方熊楠記念館前に建立されています。

日本の近代をデザインした

後藤新平

(1857-1929)

江戸の名残のある東京

江戸の市街には一般庶民が散策できる公園は八代将軍徳川吉宗が整備した飛鳥山公園以外には寛永寺境内、増上寺境内、浅草寺境内など寺社の境内程度しかありませんでした。江戸の構造を継承した東京にも最初の洋式庭園の日比谷公園が明治後期に実現しましたが、それ以外に都市公園はほとんど存在しませんでした。ところがある時期から、隅田公園、浜町公園、錦糸公園などが下町に次々と実現しました。

徒歩を唯一の移動手段としていた江戸の街路を継承した東京の道路は、明治初期に急遽整備された銀座の煉瓦街以外には小路の連続でした。ところがある時期から、複雑な街区を整理して靖国通り、昭和通り、永代通りなどの大通りが整備されました。ある時期とは関東大震災が発生した一九二三年、その計画を構想したのは明治から昭和にかけて活躍し、日本の近代をデザインしたといわれる後藤新平です。

順風から逆風　そして順風

後藤は江戸末期の安政四年（一八五七）に奥州水沢の城下で仙台藩留守《るすし》氏の家臣後藤実崇と利恵の長男として誕生しました。水沢は戊辰戦争で会津に味方したため朝敵となり、明治になると勝利した官軍の人々が主要な役職に就任し、後藤は困難な立場になります。しかし、胆沢県大参事に赴任した肥後細川藩士の安場保和《やすばやすかず》は福井藩主松平春嶽の顧問であった横井小楠の門人で、人間を見極めることのできる人物でした。

その安場に選抜されて給仕になったのが弱冠一二歳の後藤でした。安場は後藤の才能を見込んで、同行してきた阿川光裕に指示して後藤を上京させます。安場は一八七一年に日本を出発した岩倉使節団の一員として欧米を視察しますが、七三年に帰国した直後に福島県令として赴任したときにも後藤を出仕させ、須賀川医学校に入学させて医学を習得させました。後藤は一七歳でしたが優秀な成績で、入学して二年で医師になりました。

その恩人の安場が愛知県令として移動した翌年の一八七六年に後藤も愛知県医学校に移動、さらに翌年には試験に合格して開業免許も取得し、大阪陸軍臨時病院で勤務したため軍医の資格も取得しています。それらの業績から八一年には愛知県医学校の校長と病院の院長を兼務します。わずか二四歳のときです。その翌年に岐阜で板垣退助が暴漢に襲撃されたとき、戊辰戦争では敵方であった板垣を治療し、世間でも有名な医者になりました。

その時期の活躍が評価されて内務省衛生局に赴任することになりますが、三三歳になった一八九〇年に自費でドイツへ留学して細菌の研究で、後年、ノーベル生理学医学賞を受賞するR・コッホに師事し、ミュンヘン大学で医学博士となって帰国しました。直後に衛生局長に抜擢され伝染病研究所を設立し行政分野でも手腕を発揮します。現在より平均寿命が短命な時代とはいえ、三五歳で本省の局長になるということは後藤の能力を証明しています。

この順風満帆であった後藤が挫折する事件が勃発します。福島浜通りの旧相馬中村藩の藩主であった相馬誠胤《ともたね》が家督を詐取された事件に関与して一八九三年に逮捕され、半年も投獄されてしまったのです。最後は無罪となりますが、これによって衛生局長を失職してしまいます。しかし大阪陸軍臨時病院の院長で上司であり、その時期には野戦病院衛生長官となっていた石黒忠悳《ただのり》の推挙で日清戦争から帰還した兵士の検疫のため広島に赴任します。

この検疫の手際が検疫部長の児玉源太郎に評価され、児玉が日清戦争の勝利で清国から取得した台湾の四代総督になった一八九八年、後藤は台湾総督府民政局長に抜擢されます。ほとんど社会基盤が整備されていなかった台湾に、後藤は上下水道、交通施設、港湾施設、郵便制度、通信手段の整備に活躍し、さらに札幌農学校教授を退官していた同郷の新渡戸稲造を殖産局長に招聘し、その尽力によって台湾の製糖は一大産業に飛躍します。

政府の中枢で活躍

一九〇四年に日露戦争の開戦となり、児玉は陸軍大将と総参謀長を兼務して勝利に貢献し、戦後は満州に鉄道を敷設するため南満州鉄道創立委員長として尽力します。一九〇六年に南満州鉄道株式会社が設立されますが、その直後に急死してしまいました。そこで後藤は児玉の遺志を実現すべく初代総裁に就任、鉄道の敷設や大連など沿線の都市建設を推進します。後藤の計画は規模が壮大で「大風呂敷」と揶揄され、これが渾名となります。

　これらの功績により、一九〇八年七月に誕生した第二次桂内閣で後藤は逓信大臣に任命され、年末に鉄道省の前身である内閣鉄道院が創設され、その初代総裁も兼務することになります。戊辰戦争では賊軍であった伊達の領地の水沢という草深い東北の田舎の貧乏少年が四〇年目にして大臣に到達した瞬間でした。翌年七月に郷里に凱旋したときには地元の人々が仙台の駅頭に出迎え、大祝賀会が開催されるほどでした。

　後藤は台湾と満州での鉄道建設の経験から、国内の鉄道の広軌への変更を主張しますが、新線建設を優先すべきという意見が多数で実現できませんでした。一九一六年に成立した寺内内閣でも内務大臣と鉄道院総裁を兼務して、広軌に改築することを閣議決定し、実験も実施しましたが、このときも時期尚早で実現しませんでした。結局、日本の広軌鉄道は四八年後の六四年に開通した東海道新幹線まで実現しませんでした。

　一九一四年からヨーロッパが二手に分裂して対戦する第一次世界大戦が勃発し、日本はフランスとイギリスを中心とする連合国側の一員として参戦し、初期には南太平洋でドイツが占領していた島々を攻撃する程度でしたが、一七年にロシア革命が発生したため、その日本への波及阻止を名目としてシベリアに出兵します。後藤は外務大臣として奔走しますが、米価の急騰による暴動により寺内内閣が崩壊し、後藤も下野することになりました。

東京市長として長期計画策定

この機会を利用して、後藤は一九一九年三月から九ヶ月間にもなる長期の欧米視察に出発しました。後藤の人望を証明するかのように横浜の埠頭には約五〇〇〇人の人々が見送りに集合したそうです。この時期に後藤は拓殖大学の学長に就任しています。この前身は一九〇〇年に設立された台湾協会学校で、後藤が台湾総督府に在籍していた時期に様々な支援をしていた関係で学長を依頼されたのですが、死亡する一九二九年まで就任していました。

欧米視察から帰国した後藤に依頼された役割が東京市長でした。この時期は第一次世界大戦終了後で大戦景気といわれるバブル経済の盛期で、明治政府が目指した農業社会から工業社会への移行が急速に実現し、全国から京浜、中京、阪神工業地帯などへ人口が集中してきました。その影響で格差が拡大するとともに、物価高騰で社会が

Wikimedia Commons

市政会館

雑然としている状態であったため、同郷の総理大臣の原敬から混乱した東京の再生を依頼されたのです。

そこで後藤は台湾や満州で実施したように、組織の刷新を実行するとともに、東京の長期計画「東京市政要綱」として「八億円計画」を策定します。当時の国家予算が一五億円程度でしたから、まさに大風呂敷でしたが東京の将来を明示する内容でした。さらに今後も計画を継続するためには独立の調査研究機関が必要だとの判断で、ニューヨーク市政調査会の所長であったC・ビアードを顧問とし、一九二二年に東京市政調査会を設立しました。

ところが市政会館の建設資金の寄付を依

頼していた安田財閥の安田善次郎が九月に暗殺され、後藤を東京市長に任命した原敬も一一月に刺殺される事件が続発、さらに成立したばかりのソビエト連邦の中国大使A・ヨッフェを日本に招致したことを非難する暴漢が翌年二月に後藤の自宅に乱入したこともあり、後藤は四月に東京市長を辞任しました。その半年後の一九二三年九月一日に襲来したのが関東大震災でした。

東京再生の基本を策定

震災発生の翌日、第二次山本権兵衛内閣が成立し、後藤は内務大臣に任命され、月末には帝都復興院総裁も兼務することになります。すでに東京市長として東京改造計画を策定しており、豊富な人脈、組織を指揮する能力などを駆使して帝都復興院を指揮しますが、その復興計画の予算が当時の国家予算に匹敵する一三億円にもなったため財界から猛烈な反対があり、議会で承認された予算は半額以下の五億七五〇〇万円でしかありませんでした。

そのような最中の年末に皇太子摂政宮裕仁親王（後の昭和天皇）の無政府主義者に

よる狙撃事件が発生し、山本内閣が解散するとともに後藤も退場することになりました。その結果、当初の帝都計画は実現されませんでしたが、冒頭に紹介したように、南北の幹線の昭和通り、東西の幹線の靖国通り、環状の明治通りなど、現在の東京の道路の骨格は実現し、震災の被害が甚大であった隅田川沿いに計画された都市公園なども実現しました。

翌年の一九二四年九月には東京市会において市長に推挙されますが辞退し、翌月に日本で最初の放送局となる東京放送局の総裁に就任します。翌年三月の試験放送の初日に、後藤は無線放送についての抱負を自身で放送し、文化の機会均等、家庭生活の革新、教育の機会提供、経済機会の発展を放送の役割としています。これは放送の将来を的確に見通したとともに、現在の放送がその役割を実現しているか反省すべき重要な提言でした。

それ以後は日独協会会長に就任、ソビエト連邦を訪問してスターリンと会談など、国際関係において活躍しますが、一九二九年四月に列車で移動の最中に脳溢血により京都で逝去しました。葬儀のとき財産がほとんどないことが判明し、家族が驚嘆したという人物でした。明治維新以来の激動の時期に多数の逸材が活躍して日本は大国に発展しますが、後藤は明治初期から昭和初期までの日本を背負った一人でした。

看護以上に統計学者として貢献した

F・ナイチンゲール

(1820-1910)

凄惨なクリミア戦争

現在のトルコの主要部分であるアナトリアに一二九九年に成立したオスマン帝国は急速に版図を拡大し、一七世紀後半には地中海東半分の周囲全体を領土とする大国に発展してきました。そのオスマン帝国の版図が最大になった時期に北方に出現したのがロシア帝国でした。ギリシャ正教を国教とするロシア帝国とイスラム教国であるオスマン帝国は黒海の北側やバルカン半島の北側の国境で緊張した状態になります。

一八五三年二月から両国は交渉を開始しますが、不調のまま宣戦布告なしに一〇月に開戦となりました。フランスとイギリスは参戦する意図はなかったのですが、一一月にロシア黒海艦隊が黒海南岸に停泊していたオスマン帝国艦隊を奇襲したことが発端で、両国は翌年三月にロシア帝国に宣戦布告し、参戦することになりました。両国はクリミア半島南端の要衛の土地セヴァストポリなどで戦闘し、五六年三月末に終戦となります。

これが名高いクリミア戦争です。ロシア帝国は九〇万人、オスマン帝国、フランス、イギリスは合計六〇万人の兵士が参戦しますが、衛生状態の劣悪な極寒の土地での熾烈な戦闘のため、ロシアの死傷者数は五〇万人以上、オスマン帝国、フランス、イギリスが二〇万人以上という損害が発生しました。この悲惨な戦場の後方基地スクタリ（ユスキュダル）の病院へ看護のために志願して派遣されたのが、イギリス女性フローレンス・ナイチンゲールです。

伝承される看護の精神

アメリカや日本の数多くの医学校卒業式では紀元前四世紀の古代ギリシャの医師ヒポクラテスの言葉を唱和する「ヒポクラテスの誓詞」という儀式が執行されます。同様に看護する職業に従事する人々が卒業するときに「ナイチンゲールの誓詞」を唱和する学校もあります。また彼女の誕生日五月一二日は「国際看護師日」に指定されていますし、彼女が考案した病棟建築は「ナイチンゲール病棟」と名付けられています。

このようにナイチンゲールといえば看護という言葉が連想され、実際、クリミア戦争ではセヴァストポリの激戦における多数の傷病兵士の看護の体験を記述した『女性による陸軍病院の看護』（一八五八）やロンドンでの実務を記述した『救貧病院における看護』（六七）をはじめ多数の著作があります。しかし、それ以上に彼女が貢献したのは統計科学の分野でしたが、その発端はクリミア半島での負傷した兵士の看護の体験でした。

彼女の統計分野での活躍を理解するためには、彼女の経歴を紹介する必要があります。イギリスの裕福な家庭の次女として一八二〇年に誕生しますが、場所は両親が新婚旅行をしていたイタリアのフィレンツェでした。フィレンツェは英語でフローレンスですから、この古都の名称が彼女の名前になったのです。贅沢な教育により、イタリア語、フランス語、ギリシャ語などの語学とともに、数学、地理、歴史、音楽などにも精通するようになります。

彼女が看護の分野に目覚める理由を理解するためには、当時のヨーロッパの社会情勢も説明する必要があります。一八四〇年代にヨーロッパ全域で下層階級の主食であるジャガイモが疫病によって凶作となり、ジャガイモ飢饉が発生します。とりわけイギリスに併合されていたアイルランドでは約六〇〇万人の人口の二割が餓死し、二割が国外に脱出したといわれています。J・キャメロン監督の映画『タイタニック』はそれを背景にしています。

イギリスも同様の状態で、その時期にマンチェスターに滞在し紡績工場で仕事をしていたF・エンゲルスの著作『イギリスにおける労働階級の状態』（一八四五）には「住宅は雑然と建設され、下水もなく、舗装されていない道路にはゴミが氾濫し、換気も十分ではない空中には洗濯された衣服が乱舞している」など当時のロンドンの状況が克明に記述されています。世界に雄飛する大英帝国の裏側では、このような社会が存在していたのです。

二〇代前半の多感なナイチンゲールは、このような光景を目撃し、貧困や病気で悲惨な生活をしている人々に奉仕したいと決意します。そこで一八五一年にプロイセンの病院に付属のカイゼルスヴェルト学園に滞在して看護の勉強をし、帰国してロンドンの病院で看護の仕事に従事します。無給で仕事をするナイチンゲールに失望した母親や長女とは疎遠になりますが、彼女の気持を理解した父親の援助で無給の生活を維持できました。

この挿話の背景には「ノブレス・オブリージュ」という概念があります。「高貴な人々の義務」と翻訳され、貴族など裕福な人々が財産、権力、地位などを維持するためには義務があるという意味です。イギリスや日本では男性の皇族は軍人として軍務を遂行する習慣がありますし、女性の皇族は赤十字社などで貢献しています。富裕な階層に誕生したナイチンゲールが無給で看護に従事したのは当然のことでした。

陸軍病院の課題を究明

一八五四年にイギリスがクリミア戦争に参戦し、戦場に派遣された新聞記者が前線で負傷した兵士への現地の病院の対処が悲惨な状況であると報道すると、国内での議論が沸騰し、その世論に対処するため、S・ハーバート戦時大臣がナイチンゲールに現地で看護することを依頼します。彼女は快諾し、三八名の看護の経験のある女性の代表として一一月にボスポラス海峡のイスタンブール対岸にあるスクタリの基地の病院に到着しました。

この基地の兵舎も病院も粗末な建物であるうえ、縦割り行政のため治療に必要な薬品などの物資が不足しており、さらに現地を所管する軍医長官が本国から派遣された看護婦団の参加を拒否するという厄介者扱いの状態でした。そこで当面は便所掃除な

Wikimedia Commons

戦地の病院でのナイチンゲール

どをしながら、病院での地位を次第に確保していきます。さらにナイチンゲールは家庭教師の教育により統計の知識があったため、イギリスの兵士の負傷や死亡についての情報を分析しました。

その結果、兵士は戦場での負傷で死亡するよりも、野戦病院での治療や劣悪な病院の衛生状態のために死亡するほうが多数であることを明確にし、その報告書類を作成し、そのような統計に不慣れな国会議員や役人に理解してもらうため統計内容を図形にして表示しました。最初は相手にされませんでしたが、ヴィクトリア女王が関心をもち、自身で報告書類を閲覧したため、政府に影響をもたらすようになりました。

そこで政府は現地を調査し、ナイチンゲールの指摘のように病院内部の衛生状態を改善した結果、彼女が現地に到着した翌年の二月には兵士の死亡比率が四二％でしたが、四月には一五％、五月には五％と劇的に低下し、母国でナイチンゲールは名声を獲得し、英雄のような存在になります。しかし、そのような評判になることは彼女の本意ではなく、戦場からは偽名で人知れず帰国するという性格でした。

帰国したナイチンゲールは「イギリス陸軍の健康・効率・病院管理に影響する項目」という一〇〇〇ページにもなる報告書類を作成し、クリミア戦争における陸軍病院での死因は戦闘ではなく病気であることを明確にした結果、イギリス陸軍は統計などを重視する組織改革を実施します。さらに彼女は軍隊のみではなく、イギリス国民の健康状態を向上させるために、統計理論を駆使した改革も提案しています。

これらの業績により、彼女はイギリスの統計学先駆者として評価され、一八五九年には王立統計学会の女性会員一号に推挙され、翌年には、彼女が信奉する社会科学に統計理論を導入した近代統計理論の始祖とされるベルギーのA・ケトレーが開催した国際統計会議のロンドン大会で、病院に関係する統計の統一様式を提案しています。それらの業績により七六年にはアメリカ統計学会の名誉会員にも推挙されます。

名誉を辞退した後年の生活

国民の英雄ともなったナイチンゲールは戦場から偽名で帰国したことからも推測できるように、名誉には関心がありませんでしたが、いくつか彼女を記念した施設や制度が実現しています。クリミア戦争の最中に創設され、相当の金額が寄付されたナイチンゲール基金を使用して、一八六〇年にロンドンのセント・トーマス病院の内部に「ナイチンゲール看護学校」が開校され、現在ではロンドン大学の一部として看護関係の人材を育成しています。

赤十字国際委員会の創設に貢献した一人であるスイスのJ・H・デュナンはナイチンゲールを尊敬しており、彼女の生誕一〇〇年の一九二〇年に「フローレンス・ナイチンゲール記章」を制定しました。これは戦争や災害で犠牲となった人々を救済した人々や、公衆衛生や看護教育に貢献した人々を顕彰する制度で、隔年で世界の約五〇名の人々に記章を授与していますが、各国で国家元首などから授与され、日本では皇后陛下から直接手渡されています。

このような華々しい名誉が付与されたことからも理解できるように、彼女のクリミア戦争での活動はイギリスさらには世界を転換させるものでしたが、そのような大騒ぎになることは本意ではありませんでした。陸軍病院を改善し、さらには軍隊の行政機構を変革したように、統計の知識を駆使して社会を改革していくことが彼女の目指したことです。しかし、予想もしない事態で、彼女の人生は方向転換をしました。

クリミア戦争終結の翌年、ナイチンゲールは心臓発作を発症して一種の虚脱状態となりました。以後は死去するまでの五〇年間の大半をベッドで生活するようになり、看護の仕事から遠去かって原稿や手紙の執筆中心の生活になりました。それでも父親と母親の晩年の看病をしていましたが、両親の死後は出歩くこともなく、一九一〇年に九〇歳で死去し、国葬も遺族が辞退し、墓石も「F・N」とだけ記載されており、清々しい人生を象徴するような一生でした。

平賀源内

理系と文系の両方で奇才を発揮した

（1728-80）

幼少から才能を発揮

「元内」「国倫」「子彝」「鳩渓」「李山」「風来山人」「福内鬼外」「天竺浪人」「貧家銭内」。これらは一人の人間の名前です。現在でも作家には筆名、画家には雅号などがあり、複数の名前があるのは特別のことではありませんが、この人物は職業も画家、俳人、作家、本草学者、発明技師、開発業者など多彩でした。この奇才という言葉以外に表現ができない人物、一般には平賀源内という名前で江戸時代中期に活躍した著名な人物を紹介します。

源内は享保一三年（一七二八）に讃岐国寒川郡志度浦に讃岐高松藩の足軽身分の白石茂左衛門の三男として誕生しました。幼少から才気活発で、一一歳のときには「御神酒《おみき》天神」という掛軸を作成しています。掛軸の天神の画像の顔面を切抜き、裏側に普通の肌色の顔面と飲酒で赤色になった顔面の画像を用意し、それを上下に移動させて天神さんが飲酒で肌色の素面から赤色の顔面になるという仕掛けです。

それが評判になり、一三歳で藩医から本草学を手解きされますが、二〇歳のときに父親が死亡したため、その後継として讃岐高松藩の蔵番となります。そこでは無難に仕事をしていましたが、四年が経過した二四歳のとき、藩命で長崎に遊学する機会があり、当時の世界の先端にあった医学、絵画、本草学などを勉強し、翌年に帰藩します。しかし長崎での刺激が強烈であったため、さらに勉学しようと家督を妹婿に譲渡し、辞任してしまいます。

そこで早速、発明の才能を発揮して「量程器」を開発します。これは歩数で距離を計測する装置で、円盤のような機械を身体に装着して歩行すると、内部の振子が一歩ごとに振動して距離を表示する装置で、一面は六〇間（約一〇〇メートル）まで、他面は三六丁（約四キロメートル）まで計測でき、現存しています。地上の二点の高低を測定できる「平線儀」という装置も製作して家老木村季明に献上しています。

抜群の企画し起業する能力

これらを故郷への土産とし、二八歳になった一七五六年、勉学のため、大坂や京都を経由して江戸へ上京し、本草学者田村藍水（元雄）の弟子として勉強、さらに林家に入門して漢学も勉強するようになります。この林家は江戸時代初期の儒学者林羅山を始祖とする名門で、五代将軍徳川綱吉の下命により林家は一六九〇年に孔子を祭祀する湯島聖堂を開設しました。一七九〇年には、この場所に幕府の教育機関の昌平坂学問所が開設されています。

この勉学期間にも、源内は企画能力を発揮し、弟子となった翌年の一七五七年に、師匠の田村藍水主催で「第一回薬品会」を開催します。これは全国各地の薬品や物産を展示し、取引もする仕組でした。この成功により、翌年に第二回薬品会、さらに翌年に第三回薬品会を開催したところ、その活躍に注目した高松藩に家臣として再度、三人扶持で登用されることになりましたが、やはり堅苦しい勤務には馴染まず、六二年に辞任しています。

江戸へ帰還した源内は早速、全国二五カ所に産品を取次ぐ場所を開設し、料金着払いで各地から産品を収集販売する「第五回東都薬品会」(一七六二)を湯島で開催、これも成功させます。源内は各地の産品を全国に流通させる仕組を創設しただけではなく、五回の市場に出品された二〇〇〇余種の産品のうち三六〇種を選定、その評価も記載した図入りの『物類品隲《ぶつるいひんしつ》』(六巻)を出版しています。

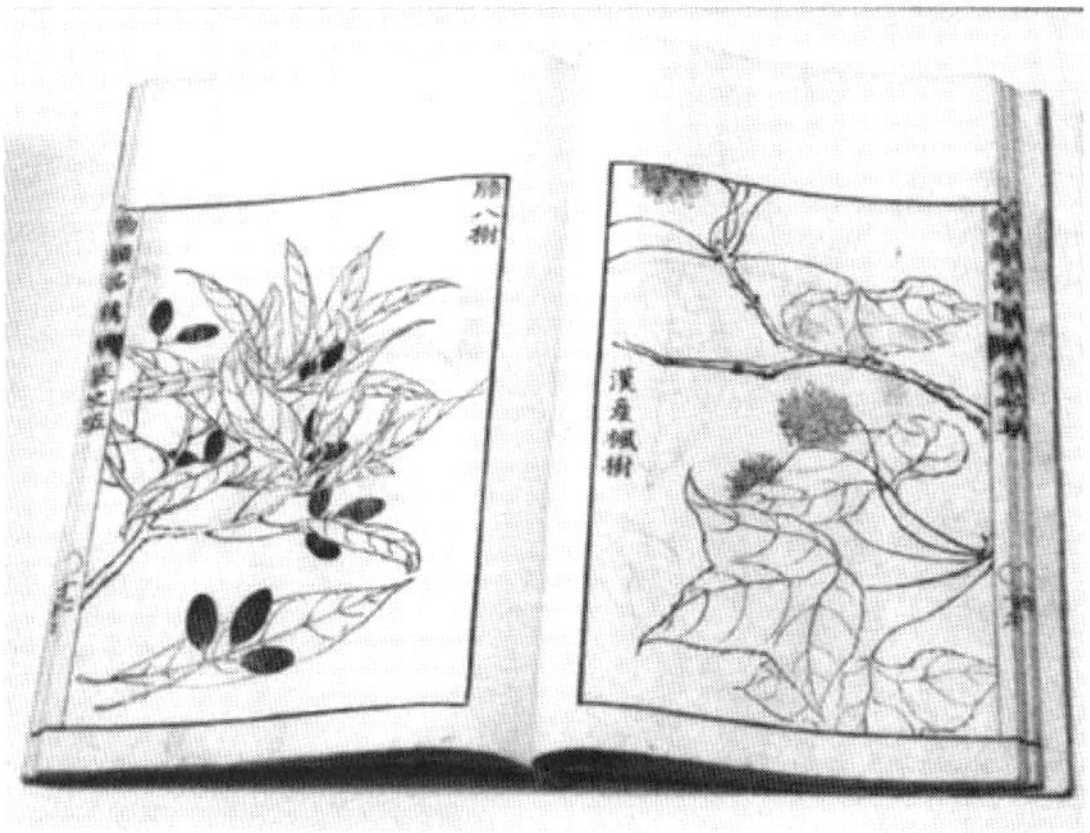

『物類品隲』(1763)

このように源内は企画し実行する才能があり、全国各地で新規事業を起業しています。三八歳になった一七六六年には武蔵川越藩の依頼で秩父山中を探査して金山や鉄山を発見し、幕府の許可も取得して事業を開始しています。さらに製鉄のための薪炭を安価に生産する事業を拡大し、それを荒川の舟運を利用して江戸へ輸送する事業にも着手しています。いずれも残念ながら成功しませんでしたが、起業する発想は天性のものでした。

文芸や絵画でも能力を発揮

源内の能力は起業とは異質の文芸と絵画

でも発揮されています。すでに二〇代前半から故郷の志度では渡辺桃源など俳諧仲間と交流があり、李山という俳号で研鑽していました。江戸へ移動してからは戯作を開始し、一七六三年には風来山人という筆名で戯作『根南志具佐《ねなしぐさ》』『風流志道軒傳』を発表し、江戸の大衆を魅了しました。その結果「江戸戯作の開祖」と命名され、来風山人や風鈴山人など偽名の作家による偽作が発表されるほどの人気でした。

四二歳になった一七七〇年には浄瑠璃にも進出します。浄瑠璃は本場の大坂で人気のある演目を江戸で再演するのが常道でしたが、江戸を舞台に江戸の言葉で上演する『神霊矢口渡』を福内鬼外という筆名で発表したところ大変な人気となり、ここでも「江戸浄瑠璃の開祖」と名付けられることになります。以後、毎年のように『源氏大草紙』『弓勢智勇湊《ゆんぜいちゆうのみなと》』『前太平記古跡鑑』『忠臣伊呂波実記』など、一〇作近くを発表しています。

源内の自筆とされる油絵は目鼻がくっきりとした女性を描写した「西洋婦人図」を代表として少数ですが、江戸中期から末期にかけての何人かの絵師に影響をもたらしています。その一人の浮世絵師鈴木春信は初期の浮世絵界に革命をもたらした絵師ですが、表現技法は源内に影響されています。源内が秋田を訪問したときに出会った小田野直武は江戸へ移動し、源内の友人杉田玄白などが翻訳した『解体新書』の挿画を製作しています。

司馬江漢の絵画も初期には鈴木春信を彷彿とさせる画題と画風でしたが、源内に出会ってからの一七八〇年代以後には一気に変化し、「学術論争図」では西洋の人々が洋風の建物を背景に室内で議論している風景、「鉄砲洲富士遠望図」では風景こそ広重の構図ですが、完全に油絵の筆致になっています。このように技術のみではなく、芸術においても天才と表現できるほどの才人でしたが、人生の最後に悲劇が襲来します。

一七七九年夏に源内は神田橋本町に転居しました。この住居は不吉な事件が発生した凶宅として人々が敬遠していましたが、源内は安価だからと購入したのです。ある大名から源内が依頼された別荘の普請について町人と紛争が発生し、その仲直りの酒宴が家屋で開催され、全員が泥酔していました。明方になって目覚めた源内が普請の図面が見当たらないので町民を詰問すると、要領をえない返事であったため、殺傷してしまったのです。

正気になった源内は切腹を覚悟で身辺を整理しはじめたところ、手箱に図面が収納してあったことが判明したのですが、源内は逮捕され入牢し、翌年一月に獄中で病死しました。五二歳でした。源内は独身であったため遺体は親族が引取り、浅草橋場の総泉寺に埋葬されました。親友であった杉田玄白が私財で建立した墓碑の最後の文章は有名です。

アア非常ノ人　非常ノ事ヲ好ミ／行ヒ是レ非常／何ゾ非常ニ死スルヤ

時代の変化を反映した活躍

源内は一種の天才ですが、このような多種多様な分野で能力を発揮できたのは時代の背景も影響しています。江戸時代初期からの鎖国政策で大半の外国からの情報が途絶えた結果、日本の文化の基礎は徳川幕府が推奨した儒教が基本になりました。しかし一八世紀後半になると、国内で独自に登場した国学と、海外との唯一の窓口であった長崎から流入してくる西洋文化が登場します。一部の意欲ある人々にとって、これは衝撃をもたらす情報でした。

その代表である医師の杉田玄白は長崎から江戸に到来したオランダの通訳から、R・ヘーステルの著書『外科治療』という大著を紹介され、数日かけて図版だけを必死で模写しますが、後年、当時を回顧した『蘭学事始』（一八一五）に「内容は一字一行も読解できないが、その諸図を閲覧すると和漢の書物とはまったく相違しており、精妙な挿図は驚嘆するような内容である」という趣旨の文章を記録しています。まさに衝撃だったのです。

玄白の親友の源内も同様の体験をし、長崎への遊学以外に、出島のオランダ商館の館長一行が将軍に謁見のため江戸参府したときに面会して西欧の博物学誌などの大著を閲覧し、一部は費用を工面して購入していました。源内は八冊を入手していますが、そのなかのJ・ヨンストンの『鳥獣蟲魚図鑑』（一六六〇）の複製を筆者は所有していますが、複製でも五万円近い価格ですから、源内が購入した金額は莫大です。それでも入手したかったのです。

玄白も源内もオランダ語は理解できなかったのですが、図版などから概要を理解し、書物の内容を日本に移植しようと努力しました。源内の代表著作『物類品隲』は、すでに紹介したように日本全国の物産を図入りで紹介した書籍ですが、それは源内が購入したY・スワンメルダの『紅毛虫譜』（一六六九）やF・ウイラビーの『紅毛魚譜』（一六八六）の影響によるものと推定され、高額な投資は無駄ではありませんでした。

それは個人の栄誉のためではなく、『蘭学事始』に記載されているように、それらの一冊でも日本に紹介できれば国益になるという熱情からの活動で、開府から一六〇年以上が経過した日本の状態を憂慮する気配を反映した行動です。源内の購入した、さらに重要な書物はI・ブルックネルの世界地図（一七五九）です。入手の八年前に編纂された最新の地図で、源内は「古今の珍物」と自慢していますが、世界全体を俯瞰する貴重な書物でした。

源内は男色趣味で生涯妻帯しなかったことも影響して変人と見做される傾向にありますが、理系と文系の区別なく広範な分野に能力を発揮した異才です。しかし、それは自身の才能の発露だけではなく、西欧列強がアジアへ本格進出を開始した世界の空気、日本の開国まで七〇年余という国内の空気に敏感に反応した結果でもあります。土用にウナギを推薦した日本最初のコピーライターというだけではない、本質を認識することが重要です。

写真技術と慈善事業に活躍した

G・イーストマン

（1854-1932）

人間の欲求に応答した写真

眼前の光景を正確に記録したいという願望は人間に特有の性質で、フランス南部のラスコーの洞窟に描写された二万年前の壁画やノルウェー北部のアルタの岩石に描写された数千年前の岩絵などが有名です。しかし、より正確に記録したいという欲求から一〇世紀に「カメラ・オブスクラ（暗室）」という装置がアラビアで発明されました。暗箱の前面の針穴を通過して反転した光景が反対の側面に投影される技術です。

L・ダ・ヴィンチも利用したようですが、当時は投影される光景を手書きで描写する必要がありました。これを自動で記録したいという欲求から技術が追求され、一八二二年にフランスのJ・N・ニエプスが最初の写真撮影に成功しました。二五年に撮影した窓外の風景の写真は、露光時間が一〇時間以上と推定されています。しかし、一度突破されると技術は次々と改良され、五一年に湿板写真が登場しました。

ガラスの薄板に感光性能のある化学薬品の薄膜を形成させ、それが乾燥する以前に暗箱で撮影すると、明暗の反転した映像が記録できるという技術です。それ以前の技術に比較して数秒で撮影でき、何枚でもプリントが作成可能かつ安価でもあったため一気に普及しました。発明から数年が経過した一八五〇年代後半には日本にも装置や技術が伝来し、上野彦馬や下岡蓮杖《れんじょう》が商売として肖像などを撮影していました。

人々は屋内で肖像写真を撮影するだけではなく、エジプトのピラミッド、アメリカのグランドキャニオン、スイスのモンブランなど世界の名所旧跡の撮影に出向き、クリミア戦争では戦場で撮影さえしています。この技術の唯一の難点は屋外で撮影する場合、薬剤を調合する装置など一式を運搬する必要があったことです。この難点を解決し、だれでも簡単に撮影できる技術を開発した人物を紹介します。

写真に魅入られ起業

ニューヨークというと自由の女神や高層建築が林立するマンハッタンのある巨大都市ニューヨークを連想しますが、そこはニューヨーク州の南端で、北西に約五〇〇キロメートルのオンタリオ湖畔までがニューヨーク州です。そのほぼ中央に人口約二〇〇〇人のウォーターヴィルという小村があります。そこの農場の持主のイーストマン一家の末子の長男として一八五四年に誕生したのがジョージ・イーストマンです。そこから約一八〇キロメートル西側のオンタリオ湖岸に一帯で最大の都市ロチェスターがあり、一八四〇年代前半から父親はここでイーストマン商業専門学校を開校していました。経営が順調ではなく、父親は学校と農場を往復する二重生活をしていましたが、イーストマンが六歳になったとき一家はロチェスターに移動します。ところが八歳になって私立学校に通学しはじめた直後に父親が死亡してしまいます。

母親は苦労して子供の学費を確保していましたが、イーストマンは一四歳で学校を退学、地元の保険会社で臨時の仕事に従事し、さらに二〇歳になってロチェスター貯蓄銀行に就職、安定した収入を確保できるようになります。ある程度の貯蓄ができた二四歳のとき、将来の偉大な発明の契機となる転機が到来します。カリブ海域にあるドミニカの首都サント・ドミンゴに旅行しようと計画していたとき、友人に写真撮影を推奨されたのです。

そこで撮影機材一式を用意しますが、それは大型の撮影装置、頑丈な三脚、暗室のためのテント、大量の化学薬品、そして湿板にするための多数のガラスの薄板などでした。友人に「キャンプに出掛けるの」と質問されたとき、「いや写真を一枚撮影するために出掛ける」と返事したという逸話がありますが、その大量の荷物を駆使して写真を撮影するためには時間あたり五ドルの講習を受講する必要さえありました。

しかし、イーストマンは最新技術に熱中し、写真技術の先進地域イギリスの雑誌も購読していましたが、そこに医師で写真にも造詣のあるR・マードックが一八七一年に従来の面倒な湿板ではなく乾板で撮影できる技術を開発したという記事が掲載されていました。湿板は撮影直前に複雑な手順で用意する必要がありますが、乾板であれば事前に何枚も制作しておき、必要なときに使用できるという利点があります。

そこで銀行から帰宅すると自宅で様々な実験をし、ガラスの薄板に感光薬品を簡単に塗布する技術を開発、一八七九年にはイギリスまで渡航して「写真に使用するゼラチン乾板を製造する改良された方法とその製造設備」の特許を取得し、翌年にはアメリカでも特許を取得しました。この八〇年に、イギリスで取得した特許を売却して資金を用意し、ロチェスター都心の建物の三階にイーストマン乾板会社を設立、乾板の製造と販売を開始します。

翌年には銀行を退職し、六人の社員も雇用して乾板の生産販売事業に専念します。ところが、いきなり新規事業に危機が到来します。使用される段階で、乾板の感度が低下してしまっており、返品により倒産寸前になってしまったのです。しかしイーストマンが立派であったのは、工場を閉鎖して渡欧し、安定した溶液の生産方法を研究したことです。そして以前の製品を新品と交換したため業績は回復し、会社は危機を乗切りました。

世界を席巻した多数の発明

一八八〇年にイーストマン乾板会社は撮影装置、三脚、ガラス乾板一二枚を一体として一二ドル五〇セントで販売して商売は成功し、八四年には資本金二〇万ドルの「イーストマン乾板・フィルム会社」に発展しましたが、将来を予測すると、重量のあるガラスが問題でした。そこで八四年に紙製の乾板（フィルム）に変更する技術を研究し、いくつかの製品を開発しますが、購入する階層は限定されており、需要の増加には貢献しませんでした。

そこで一般大衆が写真に興味をもつようにイーストマンが考案したのが一八八八年に発売した「Ｎｏ１コダック」です。これは固定焦点レンズが組込まれた箱型カメラで、

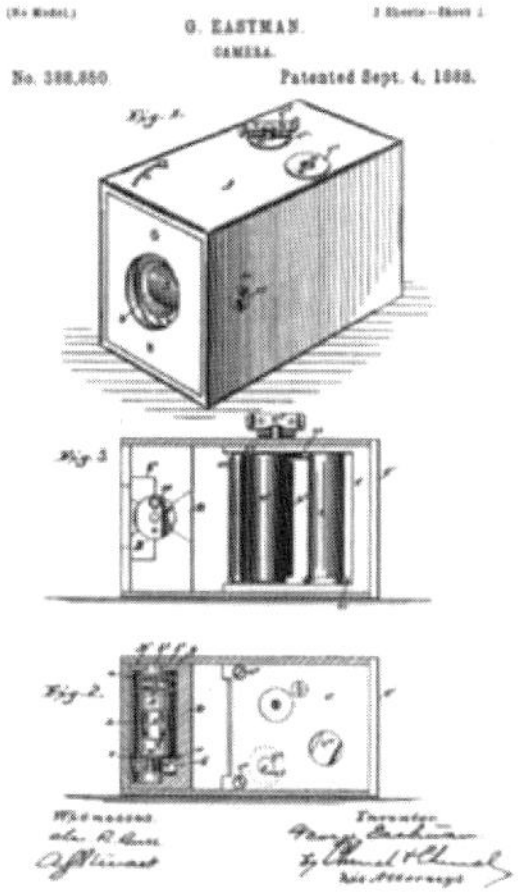

No.1コダック（1888）

一〇〇回撮影できるロールフィルムが装填され、二五ドルで販売されました。すべて撮影したら、カメラと一〇ドル紙幣を一緒にロチェスターの本社に送付すると、現像して紙焼きにした写真とともに、再度、フィルムを装填したカメラが返送されてくる仕組みでした。

この発売のとき宣伝に使用されたのが「あなたはボタンを押すだけ、あとは我々がやります」という有名な文句で、社会の話題になりました。ＫＯＤＡＫ（コダック）という商標もイーストマン自身が考案して登録した名称で、本人が「Ｋ」という文字が大好きなため、最初と最後が「Ｋ」の多数の組合せを検討して選定された結果ですが、写真といえばコダックというほど一世を風靡する名称になり、オペレッタの題材になるほどでした。

さらなる進歩は、一八八六年に雇用されたH・M・レイチェンバックという若手の技師が八九年に硝酸セルロースを使用して透明なフィルムを発明したことです。このフィルムは改良され、暗室でなくても装填できるようになったので、人々は売店でフィルムを購入し、自分で装填するようになりました。そこで宣伝文句も「あなたはボタンを押すだけ、あとは我々がやります（ただし自分で装填することもできます）」に修正されました。

技術革新の大波により低迷

一八九二年には資本金五〇〇万ドルの企業に成長、イーストマンは富豪になり、会社は次々と製品を発表します。九五年に「ポケット・コダックカメラ」、九八年に折畳みカメラ、一九二三年に家庭用映画撮影機などが発売されますが、七五年に会社の運命を暗転させる技術が社内で発明されます。フィルムを使用しないデジタルカメラです。当然、極秘にされましたが、デジタル技術の大波には抵抗できず、急速に業績が低迷していきます。

二〇一〇年にはアメリカ企業の株価指標「スタンダード&プアーズ五〇〇種株価指数」の構成銘柄から除外、さらに株価の低迷により時価総額が急落してアメリカ主要五〇〇社からも除外され、二〇一二年には倒産してしまいます。しかし、コダックは時代に適合しない事業から撤退して規模を大幅に縮小するとともに、特許を売却して資金を確保し、翌年に再度、上場しましたが、かつての栄光の面影は消滅しました。

幸運にもイーストマン自身は八〇年前に死亡して倒産の悲劇に直面しませんでしたが、晩年は幸福ではありませんでした。生涯独身でロチェスターの豪邸で生活していましたが、友人は数少なく、一九〇七年に母親が死亡、二五年に経営から引退してからは孤独でした。さらに晩年は脊椎管狭窄症によって歩行も困難になり、憂鬱な状態でした。そして三二年「友人たちへ、仕事は終了した、なぜ待機するのか？」という遺書を執筆し、ピストルでの自死を選択しました。

慈善事業に巨額を寄贈

しかし、イーストマンは石油生産で成功したJ・D・ロックフェラー（一八三九―一九三七）、鉄鋼生産で成功したA・カーネギー（一八三五―一九一九）とともに慈善事業に巨額の寄付をした三大富豪とされています。ただしイーストマンは自分が富裕であることや多額の寄付をすることを立派なこととはしない性格で、一九一二年にマサチュセッツ工科大学に二五〇〇万ドルを寄付したときはスミスという別名を使用していたほどです。

音楽にも関心があり、ロチェスター大学音楽学部の設立のため多額の寄付をしていますが、最大の関心は歯科医療でした。地元にはロチェスター歯科医院、イーストマン歯科診療施設、ロイヤルフリー病院歯科診療部門を創設、同様の施設をローマ、パリ、ブラッセル、ストックホルムにも開設しています。イーストマンの事業の偉業は技術革新によって希薄になりましたが、その慈善事業によって後世まで偉大な人物であったことは伝承されるはずです。

菅江真澄

生涯を東北地方の記録に貢献した旅人

（1754-1829）

旅行が急増する時代

二一世紀になり旅行が急増しています。世界全体の国外旅行者数は一九九五年には五億二五〇〇万人でしたが、二〇一八年には一四億人と二・七倍になっています。仕事のために頻繁に旅行する人々もいますが、平均すれば毎年五人に一人は国外旅行をしていることになります。日本は一九九五年の一五〇〇万人から二〇一八年には一八九五万人と一・三倍の増加で、世界の傾向より増加は低率ですが、それでも毎年七人に一人は海外旅行をしています。

これは空路や海路の移動手段が発達したことにより旅行しやすくなったこと、通信手段の進歩により事前の予約が簡単になったことも影響していますが、一部の地域を例外として旅行が安全になったことの効果です。とりわけ日本は安全と評価され、内戦、殺人、治安など二四の指標で評価する世界平和指数によれば、アイスランド、ニュージーランド、ポルトガル、オーストリア、デンマークが上位ですが、日本も九位に位置しています。

これは、江戸末期から明治初期になって外国から人々が到来するようになった時代にも同様で、イギリスの女性I・バードが通訳の男性一人のみを同伴して江戸から蝦夷まで旅行し『日本奥地紀行』(一八八〇)を出版していますが、そのようなことが可能であった日本は当時の世界では例外でした。その日本の江戸時代後期に、故郷を出発してから人生の大半を旅行していた菅江真澄という旅人を紹介します。

出発直後に巨大噴火を経験

真澄は一七五四年に三河国渥美郡牟呂《むろ》村字公文《くもん》(豊橋市牟呂公文町)に白井秀真を父親、千枝を母親として誕生しているとの伝聞があります。本名は白井英二でした。真澄は生涯に膨大な記録を執筆していますが、自身についてはほとんど記述がなく詳細は不明です。しかし、幼少の時期には地元で国学や和歌を勉強し、一五歳頃から一〇年間ほどは尾張藩薬草園に勤務し、この時期に漢学と画技、さらには薬学や医学も習得したとされています。

人生後半に発揮した多才な能力からすれば優秀な若者であったと推察され、二七歳頃には岐阜と滋賀の県境にある伊吹山麓に薬草採集に出掛けたという記録もありますが、尾張藩内ではその能力を発揮する場所が見出せず故郷の渥美に帰還します。しかし母親が死亡したことを契機に、三〇歳になった一七八三年（天明三年）二月に故郷から出奔します。事情は不明ですが、終生、故郷に帰還することはありませんでした。

最初に目指したのは豊橋から飯田街道を経由した宿場の塩尻でした。真澄が塩尻に滞在していたとき、五五キロメートル北東で江戸時代でも有数の事件が勃発しました。活火山浅間山の巨大噴火です。四月以後、何度も鳴動を繰返していた火山が八月四日から翌日にかけて大火砕流を噴出したのです。北麓の鎌原の村落は一八〇戸すべてが熱泥に埋没し、村民の八割以上が死亡する惨事になりました。

塩尻に滞在していた真澄は宿場を通行する旅人から噴火しはじめている様子の情報を入手していましたが、八月四日の夜半になって轟音とともに、山並みの彼方に巨大噴火の噴煙を眺望しています。その体験を真澄は『伊那の中路』という日記に、神棚の徳利や小鉢が落下し、土壁が崩落するなどと記録しています。現地では熱泥が河川を堰止めたため洪水となり、流域に点在する七五の村落を壊滅状態にする被害が発生していました。

このような周辺地域だけではなく、巨大噴火は日本全体に被害をもたらしました。日本近世最大の冷害「天明の飢饉」です。上空に拡散した火山の噴煙が太陽の日射を遮断し、全国に冷害をもたらし飢饉が発生したのです。とりわけ東北地方の被害は甚大で、弘前藩内では約八万人、八戸藩内では約三万人、盛岡藩内では約七万五〇〇〇人が餓死したとされ、全国では飢饉の影響により人口が九〇万人以上も減少したと推計されています。

東北地方を旅行

翌年の一七八四年七月に、真澄は塩尻を出発して北上、信濃と越後の境界にある関川の関所を通過して日本海側に到達します。それ以後は柏崎、三条、新潟、村上などを約四〇日かけて移動し、九月に出羽の庄内に到着します。この時期については真澄の旅行の記録が発見されていないので詳細は不明ですが、約一〇〇年前に芭蕉が酒田から新潟まで移動したときの日数が一週間強でしたから、各地に何日も滞在した余裕のある旅行でした。

庄内地方には二週間強の滞在でしたが、出羽修験の霊場として名高い出羽三山や酒田街道の集落の様子などを絵入りの日記『秋田のかりね』に詳細に記録しており、当時の風俗の貴重な資料となっています。九月後半になって酒田から吹浦《ふくら》を経由して有名な象潟《きさかた》に到着します。当時の象潟は「八十八潟九十九島」と賞賛され、松島と双璧をなす名勝でしたが、真澄が訪問した二〇年後の象潟地震により海底が隆起し、陸地になってしまいました。

象潟から日本海沿いを北上して本庄に到着、そこから内陸に方向転換して柳田という村落に宿泊しますが、ここで越年して約五カ月も滞在します。この南側に小野という村落がありますが、ここは平安時代の有名な女流歌人小野小町の生誕の土地とされ、『小野のふるさと』という日記に小町伝説を詳細に紹介しています。この付近には年間産出量日本一を何度も記録している院内銀山があり、そこも訪問しています。

五ヶ月間も滞在した柳田を一七八五年四月に出発、内陸の羽州街道と角館街道を通行、横手、大曲、角館を経由して秋田に到着します。秋田からは男鹿半島の先端を周回して日本海沿いに北上し、八月に藩境を通過して津軽に到達します。その時期の津軽は領民の三分の一近くが餓死したとされる天明の飢饉の最中にあり、道端には餓死した死体が放置された状態で、その惨状は日記『外が浜風』に記録されています。

しかし、この天性の旅人の旅行は停止することなく、津軽から南下して南部藩内、仙台藩内を旅行し、有名な松島は三度も訪問しています。一七八八年になって再度北上し、津軽半島の北端にある宇鉄から津軽海峡を横断して蝦夷の松前へ渡航します。蝦夷では渡島半島の海沿いを移動して、約四年間滞在し、九二年一〇月に松前から下北半島の先端の大間に帰還します。下北半島にも約二年半滞在し、その見聞は八冊の日記に記録されています。

一七九五年になって下北から弘前に移動し、そこで藩校の稽古館採薬係に採用されます。前述のように尾張藩薬草園に勤務していた経験を注目され、薬草の発見を期待されたためで、領内の山野を探査していたのですが、隣国南部との境界付近を探査していたことから日記を押収され、一時は身柄も拘束されたのではないかという推測もあります。そのような経緯から、一八〇一年に約六年半も滞在した津軽から終焉の土地となる秋田に移動しました。

秋田で地誌を作成

秋田に定着したものの、旅人の精神は維持され、秋田の全域をくまなく旅行し、記録も継続しました。五八歳になった一八一一年、ようやく秋田の城下に定住することになりますが、これで旅行人生が終了したわけではありませんでした。秋田藩主の佐竹義和に謁見したとき、出羽六郡の地誌の作成を依頼されたのです。地誌とは地域の自然、気候、人口、交通、産業、歴史、文化などを記録する書物です。

地域の基礎情報であるとともに、各藩にとっては機密情報ですから、それを地元出身ではない旅人に依頼するということは、その能力を評価されるとともに信用されていた証拠です。真澄にとっても、これまでの蓄積を発揮できる格好の仕事でした。当時の平均年齢からすれば、すでに高齢でしたが、天職を下命された気分で、各郡を旅行して詳細に調査し、未完ではあるものの全四六巻の地誌を作成しました。

角館で客死

真澄は一八二九年に内陸の角館で死亡します。七六歳でした。遺骸は秋田から引取りにきた友人たちによって雄物川を舟運で輸送し秋田に到着しました。これが真澄の人生最後の旅行でした。真澄はいつも黒色の頭巾をかぶり、生涯はずすことはありませんでした。秋田藩主に謁見するときも頭巾のままでなければ面会しないと主張し、葬儀のときにも弟子が頭巾をはずそうとしましたが、旧知の老人たちが阻止し、頭巾のままでした。

真澄は発見されているだけでも生涯に二〇〇巻にもなる著作を記述しており、いずれも彩色された挿画と文章で構成されていますが、自分の感想や意見は排除した事象の記録だけという抑制された内容です。家族もいない自分の人生も秘密にしていたのと同様、自分の内部の精神も秘密とし、当時としては十分な記録のない東北地方の庶民の生活を正確に記録することを使命としていたのではないかと想像されます。

真澄は稀人《まれびと》として秋田では尊敬されており、病気になったのは地誌の取材に出掛けていた梅沢(田沢湖町)でしたが、角館に移送されて死亡したとされています。秋田に移送された遺骸は友人の神官の鎌田正家の墓域に埋葬され、三回忌のときに墓碑が建

Wikimedia Commons

菅江真澄の墓（秋田県）

立され、弟子の鳥屋長秋による長歌が刻字されています。この菅江真澄翁墓は一九六二年に秋田市史跡第一号に指定され、二〇一四年には秋田県指定史跡になっています。『おくのほそ道』の冒頭「月日は百代の過客にして　行きかふ年もまた旅人なり（中略）古人も多く旅に死せるあり」は旅行の真髄を表現した名言です。現代の旅行でも危険はありますが、水盃が象徴するように、江戸時代以前の旅行には覚悟が必要でした。現代の人々が西行法師や松尾芭蕉に魅了されるのは、この覚悟を実感するからです。柳田国男は真澄を「日本民俗学の開祖」と称賛していますが、それ以上に旅人としての姿勢が真澄の真髄です。

I・バード

一九世紀に一人で世界を旅行した

（1831-1904）

女性が活躍するイギリス

日本には過去に何人かの女性天皇が存在しましたが、現在は女性天皇や女系天皇の可否が議論されています。一方、イギリスの国王エリザベス二世は一九五二年に二六歳で即位し、二〇二一年で在位七〇年になりますが、九五歳の現在も健在です。これはイギリスの伝統で、チューダー王朝の五代国王エリザベス一世も一五五八年に二五歳で即位、四五年間も君臨し、「自分は国家と結婚した」という有名な言葉のように生涯独身でした。

同様に長期に君臨したのがハノーヴァー王朝六代国王のヴィクトリア女王です。一八三七年に弱冠一八歳で即位、八二歳で逝去する一九〇一年まで六五年間も在位しました。在位期間は太陽が沈下することのない大英帝国の全盛時代で、西側は西経一四一度のカナダ西岸から、ロンドン郊外のグリニッジにある〇度の子午線を通過して、東側は西経一七〇度のニュージーランド東岸まで領土を保有していました。

現在では栄光の大国の威光は衰微したものの、規制緩和を推進したM・サッチャー首相、実現できなかったもののEU離脱に奮闘したT・メイ首相など女性の大物が登場しています。それらの活動とは異質ですが、イギリス女性の強靭な精神を発揮した人物がイザベラ・バードです。まだ大英帝国の威令が世界に浸透していた一九世紀後半に各地の発展途上諸国を単独で旅行し、貴重な記録を執筆した女性です。

病弱で何度も転地療養

バードは一八三一年にイングランド北部のヨークシャーで二人姉妹の長女として誕生しました。ケンブリッジ大学を卒業した父親はインドのカルカッタで法曹関係の仕事から牧師になったE・バードですが、最初の夫人がインドで死亡したため、姉妹の母親は再婚した牧師の家庭出身のドラでした。バードは幼少時代から病弱であり、一九歳のときに手術を経験しています。そこで転地療養のため、夏季はスコットランドで生活していました。

さらに一八五四年にはアメリカとカナダに転地療養をしますが、そのときの経験を最初の旅行日記『アメリカでの英国女性』（一八五六）という書籍にしています。一八五七年には再度、療養目的でアメリカに旅行し、翌春に帰国しますが、直後に父親が病死したため、母親と姉妹はスコットランドの首都エディンバラに移転します。しかし、バードが三五歳になった六六年には母親も病死してしまいます。

そのような精神の負担も影響して体調が回復せず、バードは医師の指導により一八七二年七月にオーストラリアに出発します。そこには二ヶ月間滞在しただけでニュージーランドに移動し、翌年正月に汽船でハワイ諸島経由でサンフランシスコを目指します。ところが船内で肺病になった青年がハワイ諸島で治療することになり、その母親の依頼で青年を看病するために約半年間、ハワイ諸島に滞在しました。

ロッキー山脈での冒険

ここでバードはハワイ島にあるハワイ諸島最高峰のマウナ・ケア(四二〇五メートル)と次峰のマウナ・ロア(四一七〇メートル)に登山するなど、太平洋上の自然を満喫し、その様子をスコットランドの離島で生活する妹のヘンリエッタに何通もの手紙で連絡しています。これらの手紙は丁寧に保管され、バードが旅行記録を出版するときの基礎となっています。後述する『日本奥地紀行』も親密な妹への多数の手紙が役立っています。

八月になって半年以上生活したハワイ諸島を出発し、サンフランシスコを経由して当初の目的であったロッキー山脈を目指します。ワイオミングのシャイアンまでは開通したばかりの大陸横断鉄道を利用しますが、以後は乗馬や馬車で最初にロングモントに到着、そこから登山の拠点となっているエステス・パークを目指します。その途中で出会ったのが「マウンテン・ジム」という名前で有名なJ・ヌージェントという四〇歳台の男性でした。

そのヌージェントの案内で、標高二三〇〇メートルのエステス・パークから乗馬で標高四四八五メートルのロングズ・ピークを目指しますが、途中でキャンプをして一泊、翌日、頂上から絶景を堪能します。帰路には往路にキャンプをした場所で焚火をしながらヌージェントと夜明けまで談話をしますが、それ以上の関係にはなりませんでした。この旅行は『ロッキー山脈での生活』（一八七九）として出版されています。

日本の情報を入手

一八七四年に帰国したバードは一人でエディンバラで生活しますが、その時期にスコットランド出身でイギリス政府の要職にありながら、自然科学や民俗文化の研究にも業績のあるJ・F・キャンベルが七四年から世界一周旅行に出発し、日本にも三ヶ月間滞在、その経験を『世界周遊記録』（一八七六）として発表していました。その書物の影響により、バードの関心は東洋に移行し、アジア地域への旅行を構想するようになります。

そして偶然にも、キャンベルが日本で世話になった、日本政府の工部省御雇外国人として国土測量や気象観測を指導していたC・A・マクヴェイン夫妻が帰国し、エディンバラに滞在していました。そこでバードは頻繁に夫婦を訪問し、日本の情報を収集します。キャンベルは女性が一人で東洋を旅行することには反対しましたが、マクヴェインは日本の知人や友人を紹介するなどして後押しをしてくれました。

すでに四七歳であったバードは決心し、一八七八年四月にイギリスから大西洋を横断、アメリカ大陸も横断してサンフランシスコから汽船で上海に到着、そこから汽船

横浜到着直前の光景

「シティ・オブ・トーキョー」に乗船して一八日間の船旅で横浜に到達しました。日本ではイギリス領事館に滞在しますが、そこでH・パークス駐日公使、後年、駐日公使になるE・サトウ、工部大学校教頭のH・ダイアーなどに出会っています。

北東日本へ出発

早速、旅行に同伴する通訳を選定します。三人の候補と面談し、決定しようとしたときにもう一人が登場し、バードの英語を理解できるという理由で、その伊藤鶴吉を毎月一二ドルで雇用することにします。伊藤はバード以外にもアメリカの大実業家E・

H・ハリマン、日本で多数の植物を採集したイギリスの植物学者C・マリーズ、世界一周旅行をしたフランスのH・クラフトなどの通訳をした人物です。

一八七八年六月一〇日、まず日光を目指して出発します。日光からは江戸時代に会津藩主保科正之が整備した下野《しもつけ》街道（日光街道）を通行して会津若松に到達、そこから西向きに方向転換して越後街道（会津街道）を利用して新潟に到着、そこから再度、内陸に方向転換して上山《かみのやま》を経由、羽州街道を北上して山形、村山、新庄、金山、横手、大曲を経由して七月二二日に秋田に到着、そして八月七日に青森に到着しました。

翌日、青森から七〇トン程度の外輪船で強風の津軽海峡を横断して函館に到着、そこからは現在の函館本線森駅のある地点から小舟で内浦湾を横断して室蘭に到着、太平洋岸を進行してアイヌ民族の集落のある平取《びらとり》まで旅行します。ここは白老とともにアイヌ民族が現在まで伝統の生活を維持している場所で、バードは何日も滞在していました。帰路は陸路で函館へ帰還し、九月十四日に横浜まで汽船で移動し、旅行の前半を終了しています。

日本を克明に紹介した名著

この旅行の記録は『日本奥地紀行』として一八八〇年に刊行されますが、上記で紹介した東京から蝦夷までの旅行が前半、関西地方や伊勢を訪問した記録が後半になっています。前半だけでも翻訳で約五〇〇ページにもなる大作で、克明な文章と見事な自身の素描で道中が記録されています。内容はバードの性格を反映して当時の日本の感心する側面と問題の側面が率直に執筆されています。以下に一部を紹介します。

日本の美点として「女性が一人で異国の服装で旅行すれば侮辱され、法外な値段を要求されるが、ここでは一度として無法なことに出会わなかった」「馬用の皮帯が途中でなくなったとき、馬子は暗闇を一里も引返して発見し、御礼を差出したところ、貴女を無事に明日の宿場まで引渡すことが自分の役目だと受取を拒否した」「これほど子供を可愛がる人々は世界にいないだけではなく、他人の子供も十分に世話をしている」

反対の印象は「家屋は貧困で荒廃しており、子供たちも小汚く、女性は過酷な労働のために体格も均整がとれているとはいえない」「身体も衣服も家屋も害虫がいっぱいで、ここの人々は不潔です」「人々は着物を洗濯することはなく、その着物のままで木炭や煙草の臭気のある部屋で家族全員が睡眠する」。このように表現されると、我々には不満ですが、当時の世界の先端の国家からの旅人の視点としては正直な見解かもしれません。

この日本旅行をした年末には香港に出発し、マレー半島、エジプトを経由してイギリスに帰国しますが、その翌年の六月に唯一の家族である妹ヘンリエッタが病死し、その苦悩から脱出する気持もあってか、長年、バードの医師であったJ・ビショップ博士と結婚します。その夫もバードが五五歳になった一八八六年に病死してしまいます。そこでバードは八九年にインドに旅行し、現地に亡夫を記念する病院と愛妹を記念する病院を建設します。

それ以後、ラホール、バグダード、翌年にはテヘラン、コンスタンチノープルも訪問し、年末に帰国しました。それでも旅行への情熱は衰退せず、一八九四年には日本を経由して朝鮮、満州、天津、北京を旅行してから日本に滞在し、さらに上海、朝鮮を旅行し、九六年末に帰国しました。この生涯の旅人とでもいうべき女性は、まだ旅行が安全でも便利でもなかった時代に三〇冊近い旅行記録を出版し、一九〇四年に七二歳で永眠しました。

大陸の移動を発見した

A・ウェゲナー

(1880-1930)

大地は不動ではない

人類が地球は球体であると認識したのは三〇〇〇年前くらいで、それ以前は巨大な平面と理解していました。球体である地球の直径を測定したのはアレキサンドリア図書館長のギリシャの学者エラトステネスで紀元前三世紀のことです。無数の星々は宇宙の中心にある地球を周回しているという見解を打破したのは紀元前三世紀のギリシャの学者アリスタルコスで、正確に解明したのはコペルニクスで一六世紀のことです。

人類が足元の地球の実態を正確に理解したのは、このように何百万年にもなる人類の歴史のごく最近のことですが、わずか一〇〇年程前まで理解していなかった地球の秘密がありました。巨大な氷床が風力などにより海上を移動しているように、陸地も地球の表面を移動しており、大地は不動ではないということです。眼前の大地からは想像できない現実を発見した学者がドイツの気象学者アルフレート・ウェゲナーです。

グリーンランド探検に参加

ウェゲナーは一八八〇年にドイツ帝国の首都ベルリンで牧師の五人兄弟の末子として誕生しました。ベルリンの学校を最高の成績で卒業、さらにハイデルベルグやインスブルックの学校で物理学、気象学、天文学を勉強、ベルリンにあるフリードリヒ・ウイルヘルム大学のJ・バウシンガー教授の指導により博士論文を執筆し、一九〇五年に天文学の分野で博士となります。その成果により航空観測所の助手に採用されます。

翌年、デンマークのL・ミリウス＝エリクセンが指揮するグリーンランド探検に参加する機会がありました。生涯四度になるグリーンランド探検の初回でしたが、これがウェゲナーの研究人生の方向を決定しました。これは未踏の北東海岸を探査する目的で派遣されたもので、ウェゲナーはグリーンランドで最初の気象観測施設を設営し、気球により極地の気象観測をします。このとき隊長と二人の隊員が犬橇旅行で死亡する事件にも遭遇します。

この探検から一九〇八年に帰還し、一四年にヨーロッパで第一次世界大戦が勃発するまでの期間、ウェゲナーはマールブルク大学の講師となり、応用天文学や宇宙物理学などの講義をしますが、その内容が明快であったために評判になり、〇九年にはグリーンランドでの観測成果も紹介する『大気熱力学』という書籍を出版しています。そして一二年には、後世、ウェゲナーを有名にする「大陸移動」についての講演記録を発刊します。

その一九一二年に再度、グリーンランドの探査に出発しますが、デンマークの隊長が氷河の割目に落下して負傷したために現地で越冬し、翌年になって北部の横断に成功します。帰国した一三年にウェゲナーは恩師であり、地球全体の植生による「ケッペンの気候区分地図」で有名な気象学者W・ケッペンの娘と結婚、マールブルグで生活します。ところが翌年に第一次世界大戦が勃発、生活は一変します。

戦争の勃発とともにベルギー戦線に配属されますが、二度も負傷したため戦闘には不向きと判断され、陸軍の気象予測の仕事に異動し、ドイツ国内だけではなくバルカン半島やバルト海域を転々としますが、その安定しない期間にも、一九一五年に大陸の移動を説明する『大陸と海洋の起源』という論考を完成させます。さらに終戦までに約二〇編の論文を発表しますが、戦争の最中のため話題にはなりませんでした。

探検の最中に死亡

この大陸と海洋の起源については後述するとして、それ以後の人生を紹介しておきます。大戦が終了し、一九二一年に新設のハンブルク大学の講師に採用され、その期間に、義父のケッペンと共同で『地質学的過去の気候』を出版します。これは地球の気候の周期変動が太陽の影響によることを説明する「ミランコビッチ・サイクル」（一九二〇）を提唱したことで有名なセルビアの地球物理学者M・ミランコビッチの理論を支持した内容でした。

ウェゲナーは一九二九年に第三回目のグリーンランド探検に出発してプロペラで推進する雪上車の試験や探検場所の予備調査をしました。そして翌年に一四人の隊員の隊長として、第四回目の探検に出発します。目的は氷河の深度を測定するために三箇所に恒久観測施設を設営することでした。今回の探検にはドイツ政府が現在の価格にして二億円近い資金を拠出していたので、探検には一種の責任がありました。

氷河の測定のため、二名の隊員が西側の基地から中央の基地に移動して越冬する必要がありましたが、例年より解凍が進行せず、その影響で移動が予定より約六週間も

ウェゲナー（左）とヴィルムセン（右）

遅延し、出発が九月後半になってしまいました。すでに気温は零下六〇度にもなり、通行の目印も雪中に埋没していました。それでも中央の基地に到着しますが、そこの食料の備蓄が十分ではないため、ウェゲナーと隊員のR・ヴィルムセンは西側の基地に帰還することにします。

二人は二台の犬橇で出発しますが、食料不足のため、イヌを食料としながらの困難な移動でした。その結果、犬橇は途中で一台になり、ウェゲナーはスキーで移動しました。しかし過労のためウェゲナーは移動の途中で心臓麻痺により死亡します。五〇歳でした。ヴィルムセンは遺体を丁重に埋葬し、移動を継続しますが、基地に帰還することはありませんでした。翌年五月にウェゲナーの遺体は発見され、その場所に丁重に埋葬されました。

大陸移動を究明

ウェゲナーは極地観測でも多大の成果を発表していますが、現在でも評価されるのは地球の大陸は当初から現在の状態ではなく、巨大な大陸が分離して移動した結果であるという「大陸移動」を発表したことです。海底火山の噴火によって海上に新島が誕生し、巨大地震によって陸地の一部が陥没する程度の変化は頻繁に発生しますが、不動の大地という言葉のように、陸地全体が移動するということは想像できない現象でした。

ウェゲナーは一九一二年一月六日にフランクフルトで開催されたドイツ地質学会で「地殻の巨大な特徴の進化についての地球物理学的基礎」という講演、一月一〇日にはマールブルクで開催された自然科学振興協会の会議で「大陸の水平移動」という講演をします。しかし、前述のように同年後半から翌年にかけてグリーンランド探検に従事し、さらに第一次世界大戦の軍務に従事したため、この研究を推進する時間はありませんでした。

ところが戦線で負傷して休暇となった期間を利用して『海洋と大陸の起源』という書籍を一九一五年に出版します。二〇年には大幅に改定した二版を出版、さらに三版を二二年に出版しています。これらは売切れになるほど一般にも関心のある内容で、ロシア語、英語、フランス語、スペイン語、スウェーデン語に翻訳されます。そして死亡する直前の二九年に最終である四版が出版されています。

しかし、ウェゲナーが四版の冒頭で説明していますが、大陸移動はウェゲナーが最初に公表したわけではなく、世界へ航海する時代の開始とともに提唱されはじめ、A・フォン・フンボルト（一八〇〇）、W・グリーン（一八五七）、A・スナイダー（一八五八）、C・フォン・コルベルグ（一八九五）、R・マントバーニ（一九〇九）などが発表しています。しかし、多数の証拠から詳細に説明したのがウェゲナーでした。

死後に認知された大陸移動

ここまで大陸移動の内容を説明していませんが、現在では六個の大陸からなる地球の陸地は、二億年以上前の石炭紀後半には一個の大陸になっており、それが次第に分離して現在の状態になったという理論です。この一個の大陸をウェゲナーは「パンゲア」と名付けました。以前から大陸移動を提唱していた人々もウェゲナーも最初の契機は世界地図の観察でした。前出のフンボルトは「南緯一〇度以北の海岸線の平行性が裏付けになる」と記録しています。

実際、南米大陸の東端にあるブラジルのブランコ岬周辺の海岸線の形状と、アフリカ大陸のギニア湾の海岸線の形状はジグソーパズルの凸型と凹型のように見事に一致するし、北米大陸の大西洋岸とアフリカ大陸北部からユーラシア大陸にかけての大西洋岸の形状も同様です。さらに約五〇〇〇万年前の始新世になって分離を開始し、二五〇〇万年前の第四紀に現状になったということを明示する地図も発表されています。

しかし、ウェゲナーは単純な形状の類似だけではなく、それぞれの大陸から発見される類似の化石や氷河の痕跡を比較し、北米大陸とユーラシア大陸はローランド大陸として一体で、南米大陸とアフリカ大陸もゴンドワナ大陸として一体であったと主張しました。しかし、当時の地質学界では、大陸は沈下はしても移動することはないという見解が主流であり、気象学者の大陸移動学説は主流になりえませんでした。

課題は大陸が移動するエネルギーであり、ウェゲナーは『大陸と海洋の起源』四版（一九二九）で、地殻内部のマントル対流について説明していますが、それが大陸移動のエネルギーになるとは気付きませんでした。しかし一九二八年にA・ホームズがマントル熱対流説を発表し、戦後になって地球の表面は一〇数枚の薄板（プレート）で構成され、それがマントル対流で移動するというプレートテクトニクス理論が発表され、大陸移動は評価されるようになりました。

しかし、ウェゲナーは謙虚な人柄で、四版の最初に、R・マントバーニの論文（一九〇九）、F・B・テーラーの論文（一九〇九）にも同様の見解があることを記載しています。弱冠五〇歳で極地で客死したため、ウェゲナーは自説が世界で認知される現場に立会うことはできませんでしたが、わずか数十年前までは常識であった「不動の大地」という概念を打破した業績を提示したということでは、人類の常識を巨大転換させた偉大な人物です。

寺山修司

時代の先頭を疾走した早熟の天才

(1935-83)

早熟の天才

社会には早熟の天才が時々出現します。音楽ではW・A・モーツァルトが有名で、一二歳でバチカンの教会で門外不出の秘曲の演奏を鑑賞した直後にすべての声部を楽譜に記載しています。フランスの詩人A・ランボーは一五歳で処女詩集『酔いどれ船』、一九歳で詩集『地獄の季節』を発表していますし、フランスの作家R・ラディゲは二〇歳で処女小説『肉体の悪魔』を発表し、その年齢で夭折しています。

日本にも存在します。晩年は奄美大島で生活した画家の田中一村には八歳のときの南画「菊図」が存在しますし、三〇歳で夭折した詩人の中原中也は実弟が病死したとき最初の詩作を発表しています。八歳でした。五千円札の肖像になっている作家の樋口一葉の最初の小説『闇桜』は二〇歳の作品であり、二四歳で夭折しています。今回は戦後の日本で和歌、小説、戯曲など多様な分野で活躍した寺山修司を紹介します。

演劇の隆盛時代

一九六〇年代は東京オリンピック大会のように既存の体制を宣伝する活動の一方、世界規模でアンダーグラウンド文化が全盛の時代でした。五五年に開戦した大義の明確ではないベトナム戦争への抗議、急速に勢力を拡大してきた資本主義経済体制への反抗など、既存の秩序への疑問からカウンターカルチャー、ヌーヴェルヴァーグ、前衛芸術など名前は様々ですが、社会へ反抗する芸術が登場してきました。

それらの芸術のなかでも、日本で先鋭な活動をしていたのが演劇で、「状況劇場」を主宰していた唐十郎と「天井桟敷」を主宰していた寺山修司が両雄でした。もう一派、全国各地を移動しながら演劇活動を展開していた「黒テント」に対抗し、一九六七年に東京新宿の花園神社境内に「紅《あか》テント」を敷設した状況劇場は『腰巻お仙』で若者を熱狂させ、一方、天井桟敷は渋谷区並木橋に専用劇場「天井桟敷館」を建設して活動していました。

高校時代から俳句に関心

この天井桟敷を主宰した寺山修司は警官で青森県内を転勤していた父親寺山八郎の長男として一九三五年に青森県弘前市で誕生しました。父親が出征、四五年に戦地で病死したため、戦後は母親と青森県内を転々と移動しながら五一年に県立青森高校に入学します。そこでは「校内俳句大会」を主催、さらに全国学生俳句会議を結成して俳句雑誌まで創刊しています。すでに高校時代から文学と組織運営に才能を発揮していたのです。

一九五四年に上京して早稲田大学教育学部国文学科に入学して短歌の制作を開始、『短歌研究』という雑誌に「父還せ」という作品を応募したところ特選となり、話題となるとともに既存の歌壇からは反撃もされます。しかし「自分に誠実であるためには、どのような手段でもいいいたいことをいうべきだ」と主張し、短歌以外にも評論、演劇、映像などで次々と才能を発揮、「職業は寺山修司です」という有名な言葉で自分の活動を表現しています。

しかし、大学一年のときにネフローゼと診断されて新宿の病院に四年にわたり入院することになり、生活保護を受給するほど困窮します。それでも創作意欲は活発で、戯曲や歌集を次々と発表しますが、上演された戯曲に才能を見出した詩人の谷川俊太郎の紹介でラジオドラマの脚本を執筆します。しかし一九六〇年にラジオ九州で放送された『大人狩り』が「暴力革命を扇動する」と問題にされ、警察などに背後関係を調査される事件に遭遇します。

そこで「ラジオのように倫理規定のある媒体以外で表現する」と決心し、演劇に進出しますが、ここでも瞬時に才能を発揮し、一九六〇年に浅利慶太が旗揚げした「劇団四季」で戯曲『血は立ったまま眠っている』が上演され、さらに篠田正浩の映画のシナリオも執筆する活躍をします。この時期に生活環境も変化し、一二年前から別居していた母親のハツと同居しますが、三年後に松竹の女優九條映子と結婚し、母親とは再度別居することになります。

デモ活動より芸術で社会改革

この時期の日本は騒然としていました。一九五一年に署名されたサンフランシスコ講和条約により日本は主権を回復すると同時に日米安全保障条約によりアメリカの軍隊が日本に駐留することになります。さらに六〇年に日米安全保障条約が改定され、日本国内は騒然となり、六月に来日したＪ・ハガティ大統領報道官が羽田空港から都心に到達できない騒動が発生、五日後には国会議事堂前に三〇万人が集結する安保反対のデモ活動が展開しました。

演劇関係だけではなく、多数の芸術関係の人々も安保闘争に参加するのが当然というのが当時の風潮であり、当然、寺山も関心がなかったわけではありませんが、それ以上に演劇が社会を変革する威力に自信をもっていました。当時「デモ活動くらいで世間が変化するわけはない。そこでデモ活動に参加しようとする団員を暴力で阻止し、自分の芝居のほうが社会を変革すると説得して芝居をやらせた」と述懐しています。

実際、一九五九年にラジオ九州で放送された最初の作品「中村一郎」は民放祭大賞、六四年に日本放送協会で放送された「山姥」でイタリア賞グランプリ、中部日本放送で放送された「大礼服」で芸術祭奨励賞を受賞し、戯曲作家としての地位を確実にしていきます。同時に、学研の雑誌『高三コース』の詩作の選者として若者に影響するようになり、六三年刊行の『現代の青春論・家出のすすめ』により「青年のカリスマ」としての役割も確保していきます。

天井桟敷を創設

そして演劇が社会を変革することを証明するため、一九六七年にイラストレーターの横尾忠則、演劇作家の東由多加、夫人で女優の九條映子らとともに劇団「天井桟敷」を結成します。これは「演劇が社会全体を動揺させる表現媒体であるためには、ショック療法が必要であり、そのためにスキャンダラスな見世物小屋風の演劇を実演するための「天井桟敷」を結成した。それによって新劇のスノビズムを破壊していく」と意図を説明しています。

その言葉のように、一九六七年四月に当時は実験芸術の殿堂であった草月アートセンターで「青森県のせむし男」を上演。演出は東由多加、美術は横尾忠則、主演は丸山明宏（美輪明宏）でした。さらに六月には新宿末廣亭で「大山デブコの犯罪」を上演します。大山デブ子は実在の松竹の女優でしたが、本人の出演はなりませんでした。九月にはアートシアター新宿文化で「毛皮のマリー」が上演され、主役は丸山明宏、コシノジュンコが衣装を担当しています。

一九六九年に東京の渋谷に日本最初のアンダーグラウンド演劇専用劇場「天井桟敷

館」が実現しますが、この時期から寺山の活動は海外と市街に展開します。六九年にフランクフルトの「国際実験映画祭」に招待され「毛皮のマリー」「犬神」を上演、七一年にはナンシー演劇祭で「人力飛行機ソロモン」「邪宗門」を上演、ベオグラード国際演劇祭では上演した「邪宗門」がグランプリを受賞、国際作家となります。

もう一種は劇場から市街への発展です。全国共闘会議が学園内部から市街に闘争を展開していったことに影響されたとされていますが、最初は一九七〇年に東京の高田馬場から新宿にかけての一帯で上演された「人力飛行機ソロモン」でした。観客は一枚の地図を購入し、それを参照して地域を彷徨すると、各地で実演されている偽物の喧嘩や寸劇を見物し、最後は建物の屋上でフィナーレを鑑賞するという仕組でした。

しかし、一九七五年の第二作目で問題が発生しました。東京の杉並一帯を舞台にした「ノック」という演劇で、観客が路地や銭湯を徘徊して、そこで発生する寸劇を見物する仕掛ですが、住民が警察に抗議し中止となりました。筆者は公衆電話から電話回線で小型コンピュータをアメリカの大型コンピュータに接続して計算をするという役割で出演するため待機していましたが、中止となり俳優にはなれませんでした。

絶頂での夭逝

寺山は「青年のカリスマ」であり、天井桟敷館の周辺には全国から家出してきた少年少女が徘徊していたという伝説がありますが、それを加速したのが一九六七年に出版した『書を捨てよ、町へ出よう』です。これは評論の集成ですが、七一年に同名の映画を製作し、サンレモ映画祭でグランプリを受賞しています。自分の芝居はデモ活動以上に社会を変革するという言葉を実践してきたということになります。

このように寺山の活動は国内よりも国外で評価されてきましたが、一九七四年に製作した映画「田園に死す」では、文化庁芸術祭奨励新人賞と芸術選奨新人賞を受賞し、日本でも評価されはじめました。しかし、八〇年に渋谷区内でアパートの敷地に侵入したとして逮捕され、略式起訴により罰金八千円を支払って釈放されましたが、これによってすべての仕事は無期延期となり、その前後から体調も悪化してきました。

一九七九年に肝硬変で入院、一旦は退院しますが、八三年に再発し、同年五月に敗血症を併発して四七歳で死去しました。葬儀は寺山が戯曲の執筆に進出する契機をもたらした谷川俊太郎が委員長となり、出棺のときには、元妻の九條映子と後半の人生

寺山修司の墓（高尾霊園）

を支援してきた田中未知の二人の女性が両側に寄り添うという寺山の人生を象徴する光景でした。田中はカルメン・マキの歌唱で流行した「時には母のない子のように」を作曲した女性です。

寺山が活躍した時期は日本が敗戦から反転して高度経済成長を実現して世界の大国へと成長した時期ですが、その経済偏重の発展の裏側で存在が希薄になりつつあった日本の各地の底流にある文化を見世物小屋風に転換して世界に発信したという意味で、偉大な天才でした。テレビジョン放送からインターネットの画像配信へと表現媒体の中心が移行している現在は、世界を興奮させた寺山の活動を見直すべき時期です。

独力で運河を開削した

角倉了以・素庵父子

了以（1554-1614）

素庵（1571-1632）

運河の時代

一九世紀前半に蒸気鉄道が実用になるまで、内陸の物資の輸送手段の中心は舟運でした。平坦な土地が大半であるヨーロッパやイギリスでは多数の運河が掘削され、河川に勾配がある場所では閘門《こうもん》という水位を上下させる仕組で運行していました。一例として、産業革命発祥の土地イギリスのマンチェスターには石炭の輸送のために港湾から延長六六キロメートルのブリッジウォーター運河が一七六〇年代に完成しています。

日本では都市の大半が沿岸にあるため、海路で物資を輸送できましたし、大半の河川が急流であり、運河は発達しませんでした。しかし内陸にある都市では舟運も必要であり、わずかですが運河が建設されています。その代表が京都の都心に建設された「高瀬川」です。これは森鴎外の晩年の小説『高瀬舟』の舞台としても有名ですが、京都の商人が私費で建設した運河です。その商人の角倉了以《すみのくらりょうい》と素庵《そあん》という父子を紹介します。

京都三大長者の角倉家

室町時代中期から江戸時代前期にかけて京都には三大長者といわれる豪商が存在しました。徳川家康に見出され、戦略物資の調達をして将軍家御用達にまでなり、御朱印船貿易でも活躍、さらには呉服の商売でも成功した「茶屋」、室町幕府の御用達彫金師となり、織田信長や豊臣秀吉の刀剣装飾を担当し、徳川家康の下命で金座・銀座を設立、大判小判の鋳造で巨富を蓄財した「後藤」、そしてもう一軒が「角倉」です。

角倉の本姓は吉田で近江国吉田村の出身ですが、室町時代中期に初代の吉田徳春が京都の嵯峨に移住し、足利義持の侍医になります。二代の宗臨も足利義政の侍医になるとともに、蓄財を元手に京都で土倉《つちくら》（庶民相手の金融）や酒屋を経営します。三代の宗忠は長男を土倉の後継、次男を医師の後継として発展の基礎を構築しました。その次男である宗桂《そうけい》が四代として家督を継承し、その長男で一五五四年に誕生した吉田家五代目が角倉了以です。

この宗桂は明国へ二度渡航して医術を習得し、その時期の明国の第一二代皇帝世宗《せいそう》の病気を快癒させたことで有名な名医でした。しかし一五七二年に六一歳で死亡し、一九歳の了以が家長となります。了以は医業を実弟に継承させ、自身は経済活動に邁進します。江戸幕府が誕生した一六〇三年に、了以は初代将軍徳川家康から第一回安南国貿易御朱印状を受領し、寛永年間に鎖国となるまで一七回も安南貿易を実行し、巨額の蓄財をします。

保津川改修への挑戦

しかし、了以が偉大であったのは、海路による外国貿易は長男の素庵に委任し、舟運による国内交易を増大させようと活躍したことです。最初に手掛けたのが保津川を舟運可能にする開削工事です。保津川の上流の丹波は木材や石材の産地でした。木材は筏流しで輸送できましたが、石材は山道を人馬で運搬していました。そこで了以は長男の素庵を江戸に派遣、一六〇六年に幕府から開削の許可を取得します。

現在でも、急流の保津川下りは人気ですが、以前は物資の運搬には利用できない激流でした。そこで了以は巨岩を滑車利用の装置で撤去、邪魔な岩石は貿易で入手した火薬によって爆破、浅瀬は砂利を除去、瀑布は上流を改修して落差を減少するなど、様々な技術を駆使して開始から五ヶ月間で工事を完了、平底の高瀬舟で通行可能にしました。工事は自費で実施し、通行料金で回収しています。

丹波の木材は長岡京や平安京の造営にも大量に使用された歴史がありますが、その木材は筏師が筏流しで運搬しており、豊臣秀吉が免許を付与するほど重要な仕事でした。しかし、激流のため木材しか輸送できなかったのですが、了以の工事によって舟運が可能になり、丹波の野菜なども京都に輸送されるようになりました。しかし明治中期に鉄道が開通し、戦後は貨物の輸送には使用されず、観光が主流になっています。

富士川改修への挑戦

この成功の翌年の一六〇七年からは富士川に挑戦します。富士川は延長が約一二八キロメートルの日本で第三二位の河川ですが、下流の流量が日本三位という大河で、最上川、球磨川とともに日本三大急流とされています。その様子は葛飾北斎の最高傑作『富嶽三十六景』の「甲州石班澤《こうしゅうかじかざわ》」に見事に表現されています。しかし舟運が可能になれば、幕府にとっては十分な物流効果が期待される工事でした。

明治時代の高瀬川

今回は幕府から了以に改修が下命され、徳川家康が現場を視察するほどの重要工事でした。一六〇七年に工事を開始しますが、工事は難航し、五年が経過した一二年に舟運が実現します。ここでも輸送には高瀬舟が導入され、陸路で三日かかっていた輸送が半日で可能になりましたが、水難事故も多発する難関でした。しかし、一九二八年に鉄道の身延線が開通し、三一六年の舟運の歴史を終了しています。

高瀬川開削の契機

そのとき了以は五三歳でしたが、河川改修の最後となる工事に挑戦します。その発端は一五六七年の「東大寺大仏殿の戦闘」といわれる内戦で、奈良の都心での戦闘の失火により、大仏殿は消失、大仏本体の頭部も破壊されてしまいます。そこで豊臣秀吉が九五年に京都に大仏を建立しますが、九六年の地震で倒壊、秀吉の死後、三男の秀頼が復興しようとしますが、ここでも火災が発生、一六〇二年に大仏も大仏殿も消失します。

それでも秀頼は父親の悲願を実現しようと、一六〇八年に方広寺大仏殿の再建を開始、一二年に大仏と建物を実現させ、一四年に梵鐘も設置して全体が完成しました。そのとき建物に使用する木材を伏見から陸送するのに難儀します。そこで了以と素庵が、これまでの保津川や富士川の経験を背景に、鴨川の水運を利用することを提案し、一部の水路を掘削して、輸送を実現しました。この経験が高瀬川の開削に発展します。

方広寺大仏殿については有名な逸話があります。すべてが完成し、徳川家康の承認により開眼供養をするばかりになっていたところ、七月に家康から延期の命令が到達しました。梵鐘に鋳造されている「国家安康」と「君臣豊楽」の文字が、前者は家康を分断し、後者は豊臣を君主とする意味ではないかと批判されて中止となり、最後は年末の大坂冬の陣と翌年五月の大坂夏の陣で豊臣一族が滅亡することになったのです。

集大成の高瀬川開削

方広寺大仏殿の木材運搬の経験から、了以は水位に変動のある鴨川と分離した荷物運搬専用の水路の必要を確信、鴨川に並行して京都の二条大橋の西岸から伏見までの一〇キロメートルの区間に川幅約七メートルの運河を開発する計画を一六一一年に請願し着手します。伏見からは宇治川を経由して淀川に合流し大坂まで到達するという構想で、開始から三年で完成しましたが、その年に了以は六一歳で死去しました。

用地取得費用、工事費用などを合計すると七万五〇〇〇両、現代に換算すると約一〇〇億円になりますが、全額を自己負担という大胆な計画でした。その内容も用意周到で、二条大橋から四条大橋までの区間には一之舟入から七之舟入まで（明治以後に八之舟入と九之舟入が追加）舟溜を用意して荷揚げができるようにし、川沿いには船曳人夫が歩行できる道路も用意され、大坂と京都の物資輸送の幹線となりました。

開発資金は角倉家が全額出資しましたが、川沿いに屋敷を構築して運営を管理し、通行料金の四割を幕府に納入、維持に一割を充当、五割を角倉家の収入としました。

年間、約一万両の収入があったと推定され、投資した七万五〇〇〇両は短期で回収されています。残念ながら、時代とともに水運は衰退して一九二〇年に廃止され、それを契機に高瀬川を暗渠にして上部を道路にする計画が立案されましたが、市民の反対で維持されることになりました。

高瀬川は水深三〇センチメートル程度のため、荷物の運搬には平底の高瀬舟を使用していました。これは了以が発明した小舟ではなく、一六〇四年に了以が訪問した備前の和気《わけ》川で使用されていた平底の高瀬舟を転用したものですが、歴史のある小舟で、平安時代前期に編纂された史書『日本三代実録』にも記述されています。高瀬川も高瀬舟を使用する河川という意味で名付けられた名前です。

一流の学者であった素庵

最後に了以の長男の素庵について紹介します。素庵は了以が一八歳のときの子供で、河川工事の手助けもしていましたが、一六〇三年に家康が御朱印船貿易を開始してからは、その事業で活躍していました。しかし本来は学究生活に関心があり、当時の最高の朱子学者の藤原惺窩《せいか》に師事していました。そして惺窩の協力により御朱印船貿易に従事する乗員の心得として『舟中規約』を作成しています。

これは現在でも企業の社訓に採用できるほどの内容で、冒頭は「貿易の事業は相手にも自分にも利益をもたらす行為であり、相手の損失によって自分の利益を目指してはいけない」という高邁な理念から出発しています。さらに「日本と異国とは風俗や言語が相違しても人間の本性に相違はない。不徳の行動によって日本の恥辱となることをしてはいけない」というように、現代にも通用する内容が記載されています。

乗員についても「人間はすべて兄弟であり、ひとしく愛情の対象であり、危険に出会い、病気に罹患しても、相互に扶助し、一人だけ逃避してはいけない」「狂乱の大波は恐怖であるが、人間の物欲さらには酒色や色情に比較すれば脅威ではない」などの心得が記載されています。了以も素庵も商人ですから、河川の運用によって利益を獲得していますが、それ以上に人間として清々しい人生を実現してきた父子でした。

S・ワクスマン

結核から人類を救済した

(1888-1973)

土壌から発見される薬剤

二〇一五年にノーベル生理学医学賞を受賞された大村智《さとし》博士の業績は家畜などに寄生する線虫やダニなど節足動物を駆除するのに絶大な効果をもたらす抗生物質「イベルメクチン」を開発されただけではなく、さらに改良して人間のオンコセルカ症やフィラリア症に効果のある抗生物質「メクチザン」を開発されたことです。効果は絶大で、世界から絶賛されていますが、土壌に生息する細菌は新薬の宝庫ということを実証した成果です。

この開発は大村博士が旅行されるとき、ビニールの小袋を携帯して各地の土壌を採集され、それを分析して新規の細菌を発見して効果を検証されてきた成果です。地球には膨大な細菌が生息していますが、これまで人間が分析したのは三〇万種程度とされていますから、いくらでも新規の薬剤は発見可能です。人類が最初に発見した抗生物質はイギリスの細菌学者A・フレミングがアオカビから分離したペニシリンですが、これは偶然の産物でした。

フレミングは整理整頓が苦手で、研究室内には実験が終了したガラス容器が乱雑に放置してありました。それを整理していたとき、培養していたブドウ球菌の繁殖をアオカビが阻止している箇所を発見、アオカビに抗菌作用のあることが判明したのです。これをアオカビのラテン語名から「ペニシリン」と命名しました。第二次世界大戦中に多数の兵士の治療に役立ち、一九四五年にノーベル生理学医学賞を受賞しました。

難病であった結核

それから七年が経過した一九五二年に、やはり多数の人々を結核から救済する薬剤を発見したことでノーベル生理学医学賞を受賞した学者を紹介します。G・プッチーニの歌劇『ラ・ボエーム』の主役ミミも、G・ヴェルディの歌劇『ラ・トラヴィアータ（椿姫）』の主役ヴィオレッタも結核で死亡します。徳富蘆花《ろか》の小説『不如帰《ほととぎす》』のヒロイン浪子も、堀辰雄の小説『風立ちぬ』のヒロイン節子も結核で若死しています。

このような小説の登場人物だけではなく、高杉晋作（二八歳）、沖田総司（二五歳）、樋口一葉（二四歳）、石川啄木（二六歳）、中原中也（三〇歳）、立原道造（二四歳）など実在の人々も結核で夭折しています。この病気の原因が結核菌という細菌であることを発見したのはドイツの細菌学者R・コッホで一八八二年のことですが、それを治癒する薬剤が発見されるまでには、それから六一年間という歳月が必要でした。

人生に影響した妹の死

結核に罹患した肺臓の一部を切除する手術は一八五八年にドイツの医師W・A・フロイントが実施、肺臓の状況を外部から撮影する写真技術は九五年にドイツのW・レントゲンが発明し、一九〇一年に最初のノーベル物理学賞を受賞しています。現在でも実施されている結核予防のBCGワクチンはフランスのA・カルメットとC・ゲランが発明し、二一年に最初の投与が実施されました。しかし治療する薬剤の登場は二〇世紀中頃までかかります。

その薬剤となる抗生物質を発見したのがセルマン・ワクスマンです。一八八八年七月にロシア帝国の一部であったウクライナの都市キエフから約三〇〇キロメートルにある農村ノバヤ・プリルカのユダヤ人街の貧乏な家庭に誕生しました。ウクライナ地方は素晴らしい土壌のため現在でも世界有数の穀倉地帯で、プリルカも農業が主要産業であり、ワクスマンが土壌微生物学を研究対象にしたことに影響しています。

しかし、当時のロシア帝国は都会と地方の格差、富者と貧者の格差が絶大な時代で、とりわけユダヤ教徒は差別されていました。父親のヤコブは敬虔なユダヤ教徒で古代のユダヤの賢者の物語などを教育してくれましたが、多大な影響をもたらしたのは母親のフライダでした。父親が軍隊に徴兵されたため、母親の姉妹なども一緒に生活するようになり、母親は乾物の販売や行商などをして家計を維持していました。

平穏な生活でしたが、一家に悲劇が襲来します。ワクスマンが七歳になったときに妹のミリアムが誕生しますが、二歳でジフテリアに罹患し死亡してしまったのです。ジフテリアの血清療法は発見されていましたが、地元の病院には免疫血清の備蓄がなく、治療ができませんでした。ワクスマンは自伝に「この悲惨な死亡を眼前にし、子供ながら病気を治療する課題を意識するようになり、人生の後半の活動に多大の影響をもたらした」と記述しています。

アメリカへ移住

ワクスマンは個人教師の指導により上級の学校への進学を目指しますが、プリルカには高等学校が存在しないため、卒業と同等の資格を取得する試験を受験しますが失敗します。そこで黒海の沿岸にある港湾都市オデッサの学校に入学し、そこで大学受験の資格を獲得しますが、その時期に最愛の母親も死亡してしまいます。この個人の不幸だけではなく、ロシア帝国自体が衰退していく事件が次々と発生しはじめます。

まず一九〇四年二月に日露戦争が勃発します。日清戦争に勝利した日本帝国は中国大陸に進出しますが、南下を開始しはじめたロシア帝国と衝突し戦争に突入します。しかし、その最中の翌年五月にロシアで第一革命が発生し、各地の農村で騒乱となり、多数の支配階級の人々が暗殺されます。その影響もあり九月には日露戦争にも敗戦します。そこでワクスマンはロシアから脱出してアメリカに移住する決心をします。

一九一〇年、すでに二二歳でしたが、母親の姉がアメリカに移住していたので、友人とともに鉄道でドイツのブレーメンに移動し、そこから汽船でニューヨークに到着します。さらに親戚が農場を経営しているフィラデルフィアに移動し、一八世紀に創設された歴史のあるニュージャージー州立ラトガーズ大学に入学するとともに農場での作業もします。この経験からワクスマンは土壌微生物学を勉強し、一五年に卒業、さらに修士となります。

そして指導教官J・G・リップマン博士の助手に採用され、ニュージャージー農業試験所に勤務しながらラトガーズ大学で研究を継続します。その時期にアメリカ国籍を取得、一旦、大陸を横断してカリフォルニア大学バークレーで研究生活をし、三〇歳になった一九一八年に博士となります。そこでロシア時代の友人の妹で同郷のデボラ・ミトニックと結婚、リップマン博士の要請によりラトガーズ大学に復帰して講師に採用されます。

そして一九二四年には、夫婦で、アメリカに移住して以後最初のヨーロッパ旅行をし、六ヶ月間という長期の期間、フランス、イタリア、ドイツ、北欧諸国の主要な研究施設を訪問します。それらの場所では最新の研究について情報交換をしますが、途中の一〇日間はソビエト連邦に移行したばかりの故郷プリルカを訪問しています。そこで出会った故郷の人々は国家体制の変更で大変な苦境に直面していることを実感します。

ストレプトマイシンの発見

帰国した翌年の一九二五年には助教授、三〇年には教授と順調に昇進するとともに、生涯で四〇〇編以上の論文を発表し、学者として活躍します。翌年にはマサチューセッツ州ウッズホールに設立されているウッズホール海洋研究所が新規に開設する海洋微生物研究部の運営を委任され、評議員に就任します。しかし、この時期には主要な関心はまだ微生物学にあり、農地の土壌、植物の分解、海洋微生物の役割などを対象に研究していました。

しかし一九三九年にヨーロッパで第二次世界大戦が勃発、戦場で拡散する伝染病を防止する必要が発生したことと、かつてワクスマンの生徒であったフランスのR・デュボスが病気を発生させるバクテリアを破壊する抗生物質を土壌の放線菌類から分離したという論文に刺激され、医薬の分野に関心をもちます。これまで土壌に生息する放線菌類から有用な物質を抽出してきましたから、これは得意分野でした。

研究を開始した翌年の一九四〇年に弟子のB・ウッドラフがアクチノマイシンという抗生物質の抽出に成功します。これは多数のバクテリアに有効でしたが毒性が強烈すぎました。四二年になると、やはりウッドラフがストレプトスリシンを抽出しますが、

Courtesy Rutgers University Archives.

ワクスマン（右）と シャッツ（左）

これも人体には毒性があり医薬としては使用できませんでした。しかし四三年になって研究に参加していたA・シャッツがストレプトマイシンの抽出に成功しました。

この抗生物質は製薬会社メルクにより試験生産され、臨床試験のためにミネソタ州にある有名な病院メイヨ・クリニックに臨床試験を依頼した結果、一九四五年に動物実験で合格、さらに三三名の人間の患者による試験でも安全であることが確認され、実用になりました。しかも結核だけではなく、チフス、コレラ、ペストなどにも効果があるということが判明し、ワクスマンはメルクと契約変更の交渉をします。

当初は試験生産や臨床試験の費用をメル

クが負担する代償として特許の独占使用を許可していたのですが、何社かが生産して安価にし、世界に普及させることが必要としてメルクと交渉した結果、メルクは他者の特許使用を許可しました。さらなる問題は共同で研究したシャッツが権利を主張して訴訟したことです。シャッツはワクスマンの指導で三ヶ月間実験をしただけですが、自分の功績だと主張したのです。

一九五〇年に裁判は結審し、製薬会社から大学に支払われる特許収入の一〇%がワクスマン、三%がシャッツ、それ以外の研究に協力した人々が七%、残部は大学が設立した財団の基金になりました。ワクスマンは収益の半分を投入し、五一年に母校であるラトガーズ大学の敷地にワクスマン微生物研究所を設立しました。そして五二年にノーベル生理学医学賞を受賞、授賞式晩餐会で以下のような講演をしています。

「伝染する結核という病気に潜在する危険が除去された結果、社会は良好な未来に直面しているが、現状では治癒できない結核以外の伝染病への対処も研究する必要がある。今後も抗生物質の貢献により、人類がより良好な生活のできる世界を微生物が実現するようになることを期待する」。この言葉のようにワクスマンは世界各地に出向いて貢献しますが、その背後には幼時に死亡した妹の面影が存在していたはずです。

高峰譲吉

研究者でも実業家でも一流であった

(1854-1922)

人材を輩出した工部大学校

開国して様々な分野で欧米に出遅れていることを痛感した明治政府は海外から多数の人材を招聘するとともに、日本でも人材育成のための機関を次々に創設します。法律教育のための司法省明法寮（一八七一）、初等中等学校の教師を育成する師範学校（七二）と女子師範学校（七四）、美術を教育する東京美術学校（八七）と音楽を教育する東京音楽学校（八七）などが代表ですが、科学技術を対象にしたのが工部大学校です。

工部大学校は工部省の大臣に相当する工部卿の伊藤博文が尽力し、スコットランドのグラスゴー大学から弱冠二五歳のH・ダイアーを校長として招聘、一八七三年に東京都心に開校しました。全国から若者が入学し、七九年に電気通信の志田林三郎、建築設計の辰野金吾や片山東熊《とうくま》、土木工学の石橋絢彦《あやひこ》などが第一期卒業生となりますが、その一人が化学工学を首席で卒業した高峰譲吉でした。

移築された高峰邸（金沢）

アメリカの女性と結婚

高峰は加賀藩御典医の高峰精一の長男として一八五四年に越中高岡で誕生しますが、翌年、父親の転勤により金沢城下に移住しました。幼少のときから語学と科学に才能を発揮して優秀であると評判になり、一二歳になった六五年に加賀藩から長崎に留学します。さらに明治になった六八年には京都の兵学塾、大坂の緒方塾、七〇年には大阪舎密《せいみ》学校で勉強、七二年に工部大学校に入学し、多様な分野の知識を蓄積します。

工部大学校を優秀な成績で卒業した学生はグラスゴー大学に留学の恩典があり、高峰も一八八〇年から八三年まで留学します。

帰国して農商務省に入省、翌年にアメリカのニューオーリンズで開催される万国博覧会に政府から派遣されます。そこに展示されていたリン鉱石から人造肥料の生産を発想し、帰国して化学肥料を生産する東京人造肥料会社（現在の日産化学株式会社）を渋沢栄一などの出資により設立します。

しかし、高峰がニューオーリンズで発見したのはリン鉱石だけではありませんでした。博覧会開催中、ヒッチという人物の自宅に招待されたのですが、そのヒッチ夫妻の長女のキャロラインを見染め正式に婚約し、一旦、高峰のみが日本に帰国しました。そして三年が経過して自費でニューオーリンズを再訪した高峰はキャロラインと結婚し、一緒に日本に帰国します。そして日本で長男と次男が誕生し、一八九〇年まで日本に滞在しました。

麹菌による醸造を発明

高峰は研究能力とともに起業能力も抜群でした。日本に滞在している期間に、ウイスキーの醸造に日本の麹菌《こうじきん》を使用する「高峰式元麹改良法」を発明します。これは母親の実家が日本酒醸造元であることや、スコットランドの大学に留学していたためウイスキーにも馴染みがあったことが影響していると想像されます。一八八七年にはイギリスで特許が成立し、翌年にはフランスとベルギー、そして八九年にはアメリカでも特許が成立しました。

この特許に注目したアメリカの酒造会社ウイスキー・トラストから使用したいので渡米するようにという連絡がありました。東京人造肥料会社を設立したばかりのため、出資した渋沢などは反対しましたが、アメリカで事業を展開したいという期待、そして夫人の故郷への帰郷という理由で、一八九〇年に夫人と二人の子供、そして杜氏の藤木幸助とともに渡米し、自身で研究開発を中心とするタカミネ・ファーメント会社を設立して自立します。

この醸造方法が現地では大変な騒動をもたらしました。当時のウイスキーは現在でも主流である大麦の種子を発芽させたモルト（麦芽）を使用して穀類の澱粉を発酵させていたので、この伝統ある方法に習熟している職人や醸造会社が猛烈に反対し、阻止のため、醸造会社が暴漢に高峰夫妻の住宅と研究施設を襲撃させるという事件が発生したのです。高峰は発見されず無事であったものの、この麹法は結局、普及しませんでした。

成功したタカジアスターゼ

しかし、この程度のことでは挫折しない強靭な精神をもつ高峰は研究を続行、消化酵素「タカジアスターゼ」を一八九四年に発見します。ジアスターゼが澱粉を分解することは解明されていましたので、分解能力の強力な麹菌を発見することが勝負でしたが、見事に発見、タカジアスターゼと命名しました。これは酵素を意味する英語ジアスターゼに自分の名前の一部タカを付加した最高の酵素という意味です。

しかし、この発明がすぐに収入をもたらすわけではなく、研究施設などを破壊されて生活は依然として大変でしたが、夫人の助言もあり、アメリカの大手製薬会社パーク・デービスとの接触に成功します。数週間後に同社から高峰を顧問とするとともに、世界全体を対象とした製造と販売の権利を購入したいとの連絡がありました。しかし高峰は母国日本での販売は日本の会社で実施したいと主張、日本のみは除外した世界の権利を同社に提供します。

この特許を日本で取得して商品としたのは三共商店（第一三共株式会社の前身）で、一八九九年に創設され、初期にはパーク・デービスの総代理店になり、日本で販売しました。これは現在でも「第一三共胃腸薬」として国民的医薬品となっていますが、胃弱であった夏目漱石はタカジアスターゼを生涯手放さず、小説にも登場します。一九一三年に改組された三共株式会社の初代社長に高峰が就任していることからも発見の重要さが理解できます。

アドレナリンの発見

高峰がさらに能力を発揮して世界に飛躍したのが「アドレナリン」の抽出です。タカジアスターゼで高峰の能力を評価した製薬会社パーク・デービスは副腎髄質から分泌される液体の有効成分を純粋な化学物質として精製することを高峰に依頼します。これは血圧上昇や止血に効果があると判明していましたが、当時、純粋な物質は抽出されていなかったため、安定した止血ができない状態で、世界の学者が純粋な結晶の抽出を競争していました。

しかし、動物の内臓の分析は高峰の専門ではなかったので、弱冠二四歳の上中啓三《うえなかけいぞう》を助手として雇用します。上中は東京大学医科附属薬学選科で勉強し、東京衛生試験所で足尾銅山鉱毒事件の鉱毒の検出などに従事していましたが、組織に適応できず退所していました。そこで恩師である長井長義教授の紹介により、一九〇〇年にニューヨークで生活していた高峰を訪問し、一緒に研究することになります。

上中は大変に優秀で、共同で研究を開始して数ヶ月後の一九〇〇年七月二一日に二人は世界の学者を尻目に、純粋な結晶の抽出に成功します。ニューヨークの地下の研究室内で何度も確認実験をするとともに、顧問をしていた製薬会社パーク・デービスの最高の設備で検定検査をして確認しました。これは一一月七日に友人のウイルソン博士の提案で「アドレナリン」と命名されました。腎臓の付近という意味の「アドレナル」に由来する名前です。

これは人類が生物から最初に抽出したホルモンの結晶という素晴らしい成果でした。高峰は論文を発表するとともに、一一月五日にはアメリカの特許申請、翌年一月二二日にはイギリスの特許申請をしました。さらにパーク・デービスはアドレナリンの見本を生産し、アメリカ全土の医師に配布しますが、多大な反応がありました。同年四月の『フイラデルフィア医学雑誌』には「この新薬は医学上大発見である」と賞賛されています。

難癖をつけたエイベル

タカジアスターゼを発明していたものの、高峰はまだ無名の存在でしたが、アドレナリンの発見により一気に有名になり、莫大な特許収入により富豪にもなります。ここまでは順調でしたが、問題が発生しました。医学分野ではアドレナリンという名称は使用されず、世界では「エピネフェリン」で通用してきました。日本でも、医薬品名としては長年エピネフェリンを正式名称とし、ようやく二〇〇六年にアドレナリンに改正されたほどです。

その背景にはアメリカの学者J・エイベルの暗躍がありました。エイベルはヒツジの副腎から抽出した物質をエピネフェリンと命名したのですが、これは十分に精製された物質ではなく、アドレナリンとは分子構造も相違する物質でした。しかしエイベルはアドレナリンと同等の物質と強弁し、一九〇〇年に高峰がエイベルの研究施設を訪問したことがあることを理由に、自分の成果を盗用したと主張したのです。

ドイツの学者H・パウリは一九〇三年の自身の論文でエイベルの意見を否定していましたし、戦後になって上中が記録した実験ノートを詳細に研究した日本の科学史家が高峰と上中の実験記録を分析した結果、高峰がエイベルを訪問した時期には、すでに二人はアドレナリンの精製に成功しており、さらにエイベルが実験した方法では純粋なアドレナリンの結晶が抽出できないことも記録されていることが判明しました。

それを反映し、欧州では医薬品名として「アドレナリン」が正式採用されていますが、アメリカでは現在でも「エピネフェリン」が使用されています。その背景には世界の舞台に登場してわずか三〇年強の東洋の島国の科学技術水準を疑問とする視点がありますが、高峰一人の能力だけでは打破できず、「ジフテリアの血清療法」を発見した北里柴三郎も、「ビタミンB1」を発見した鈴木梅太郎も正当に評価されませんでした。

以後も、高峰は日本でベークライトやアルミニウムの生産をするなど実業分野で活躍し、一九〇五年にはニューヨークにニッポン・クラブを設立、一一年にはニューヨークのハドソン河畔に邸宅を建設して国際親善の場所を提供するなど日本のために貢献し、二二年に六七歳でニューヨークで死去し、ウッドローン墓地に埋葬されました。五四年に死去した夫人と早逝した二人の子供もそこに埋葬されています。

旅行を大衆に開放した

T・クック

（1808-92）

蒸気鉄道と禁酒運動

旅行は景気に左右されて増減しますが、人間の根強い欲求です。世界全体の国際観光客数は過去七〇年間で約四五倍に増加していますし、日本も同様です。さらなる特徴は団体旅行が相当な比率になっていることです。最近では旅慣れた人々が増加し、団体旅行は低下の傾向ですが、それでも日本出発の海外旅行の約二五％は団体旅行です。

この団体旅行は一九世紀中頃のイギリスに登場しましたが、二種の社会動向の複合結果でした。第一は蒸気鉄道の普及です。一九世紀初頭にイギリスで蒸気鉄道が発明されましたが、G・スチーブンソンが指揮し、一八二五年にイギリス中部のストックトンとダーリントンの四〇キロメートルの区間に実現したのが世界最初で、三〇年にはリバプールとマンチェスターの五六キロメートルの路線も実現しました。

以後、イギリスでは鉄道建設が急増し、一八五〇年には全国の鉄道路線が一万キロメートルにもなりました。もう一種の社会動向は禁酒運動です。一九一九年から三三年まで法律によって酒類の製造・販売・飲用を禁止したアメリカの禁酒運動が有名ですが、イギリスでは一九世紀中頃から急進派知識人と労働階級が一体となって選挙制度改革を目指したチャーティズム運動の一環として禁酒運動も活発になりました。

鉄道と禁酒を一体とした旅行

この鉄道と禁酒という一見関係なさそうな現象を一体としたのがトーマス・クックです。イギリス中部の地方都市レスターで印刷や出版を家業としていたクックは飲酒に反対するプロテスタント教会の熱心な信者で、職場での食事のとき、職人にビールを提供する当時の習慣を疑問とし、自身の工場では廃止するとともに、禁酒運動を推進する人々を自宅に宿泊させたり、禁酒に関係する雑誌を発行したりしていました。

そのような時期の一八四〇年にレスターにも鉄道が敷設されました。そこで翌年にクックが着想したのが、一五キロメートルほど北側にあるラフバラで開催される禁酒運動大会に参加する人々を新設の鉄道で輸送するという計画です。早速、鉄道会社と、多数の乗客を保証するから臨時列車を仕立て、通常の料金の半額で輸送してほしいという交渉をし、世界最初の鉄道による団体旅行が実現しました。

それ以後、飲酒の代替となる健全な娯楽として日帰りの鉄道による団体旅行を何度も成功させ、一八四五年には約一五〇キロメートル北西のリバプールまでの団体旅行を企画します。多数の鉄道会社が乱立していた時代で、この旅行のためには四社の鉄道路線を利用する必要があり複雑な移動でしたが、クックが交渉して直通列車を仕立て、名所を観光できるオプションも用意したため大変な人気になりました。

さらに旅行の対象になったのがスコットランドでした。W・スコットのスコットランドを舞台とする小説が流行し、人々は旅行を熱望しますが、多額の費用が必要で庶民には無理でした。そこでクックはスコットランドまで鉄道が開通した翌年の一八四七年に一部は海上を移動する団体旅行を企画したところ、三五〇人が参加するとともに、到着したグラスゴーやエジンバラでは盛大に歓迎される成功となりました。

第一回万国博覧会の威力

このような時期に団体旅行を後押しする格好の行事が出現しました。一八五一年にロンドン都心のハイドパークで開催された第一回万国博覧会です。当時、絶頂にあっ

クリスタルパレス

た大英帝国の威信を世界に披露するため、温室の建設技師J・パクストンが設計した天井も壁面もガラスで出来たクリスタルパレスを会場とし、産業革命の最先進国であるイギリスの機械装置や芸術作品を展示して国力を世界に誇示することを目指した催事です。

この世界で最初の行事は五ヶ月間の会期に七〇〇万人弱の観客が到来するほどの成功でしたが、当時、ミッドランド鉄道の重役を兼務していたクックは団体旅行を企画し、雑誌『エクスカーショニスト』まで創刊して宣伝した結果、故郷のミッドランド地方から一六万人以上の観客を博覧会場に誘致することに成功しました。しかも博覧会場は禁酒・禁煙であり、クックにとっては多数の人々を案内するのに格好の催事でした。

クックは旅行事業で着々と成功しますが、禁酒運動にも相変わらず熱心で、一八五二年にはレスターの都心に壮麗な禁酒会館を建設、隣接して「クックの商業・家族ホテル」という名前の禁酒ホテルまで建設します。以後も国内の団体旅行を次々と企画しますが、五三年にアイルランドのダブリンで大産業博覧会が開催されたことを契機に島外の旅行に進出、人々をアイルランドの名所に案内する団体旅行を実施します。

海外旅行への発展

翌年、母親の死亡を契機に、印刷と出版の家業を廃業して旅行斡旋を本業とすることにし、いよいよ大陸に進出します。その契機となったのが一八五五年にパリで開催された第二回万国博覧会でした。クック自身が添乗して二五名が参加する団体旅行を実施したところ人気があったため、帰国直後に再度、五〇名の団体旅行を実施します。旅行は成功しましたが、収支は赤字であり、しばらく大陸旅行は中止しました。

その期間、夜行列車による国内旅行も企画しましたが、一八六一年から海外旅行を再開します。同年、パリで労働者の祭典が開催され、それに参加する人々が安価に旅行できるよう手配し、イギリスからの参加者数の半数をクックが世話するほど成功しました。そこで拠点を地方都市レスターから首都ロンドンに移転しますが、鉄道会社自身が旅行業務に進出しはじめたため、海外旅行を中心とする方向に転換します。

大衆に開放された海外旅行

その一歩として一八六三年にクックはスイスを訪問し、鉄道会社や宿泊施設関係の人々に相談したところ歓迎され、スイス旅行を実施します。計画を発表すると五〇〇人もの応募があり、二班による一八日間の旅行が実現しました。このスイス旅行の成功に後押しされ、今度はイタリア旅行を企画します。事前にクック自身がイタリアの各地を調査し、六四年のローマとナポリを中心とする旅行も大変な人気で定員を大幅に上回る応募がありました。

これらの海外旅行には現在と同様の特徴がありました。鉄道運賃や宿泊料金の大幅な割引により国内旅行より安価なこと、時間に余裕のある女性の参加が多数であったこと、観光の時間を確保するため食事の時間が圧縮され、とにかく多数の名所旧跡を巡回することです。それまで観光旅行は貴族や上層階級の特権のようでしたが、一気に大衆が参加しはじめたことにより、観光公害も出現し批判がありました。

この最後の批判にクックは敢然と反論しています。観光は上流階級の特権ではなく、人類の進歩の手段であるうえ、見知らぬ人々が旅行で友人となるなどの効用もあり、観光への排他的価値観は進歩の時代に逆行するという意見を発表しています。この見解の背景には、ヴィクトリア時代という大英帝国が最大に繁栄した時代の影響もあります。労働階級の賃金が上昇し、法律による休日も増加、その資金と時間の余裕が旅行へと噴出したのです。

世界に拡大した団体旅行

丸四年間のアメリカの南北戦争が一八六五年四月に終結すると、さらなる団体旅行の目標はアメリカ大陸になりました。言葉の問題もないアメリカはイギリスにとって便利な場所でした。そこで同年一一月に下調べのため渡米して鉄道会社などと契約して帰国し、翌年四月に約六〇日のアメリカ団体旅行が息子のジョン・メイスンの添乗で出発しました。汽船でニューヨークに到着し、アメリカ東部の主要都市を見学して無事帰国しました。

しかし、アメリカの鉄道会社は団体割引に十分な対応をしてくれなかったため、約七年間はアメリカ旅行を企画せず、中東を新規開拓します。熱心なキリスト教徒のクックは聖書に登場する土地が多数存在するパレスチナに関心があり、一八六八年に予備調査をして、翌年にエジプトとパレスチナの旅行を企画します。しかしホテルもない時代のため、六〇人余の旅客のため、多数のテントや移動するためのウマを用意する大変な旅行でした。

それ以後も、一八六九年一一月にスエズ運河が開通すると、その祝賀式典に参加する団体旅行を企画、八〇年代にサイクリングが流行すると、そのための団体旅行を企画するなど、世界の動向を反映した活動をします。さらに従来は大衆を対象とした団体旅行が中心でしたが、有名になるとともにインドの王侯の王子の旅行を手配するなど、著名な人々の個人旅行の手配も依頼されるようになり、世界規模の旅行会社として発展していきます。

通信時代がもたらした破綻

禁酒運動を普及する目的でクックが開始した個人企業が世界最大の旅行会社に発展したのは、ローマ帝国やモンゴル帝国以来の世界帝国である大英帝国が出現した時期に、鉄道や汽船など移動手段の革命が同期して発生したうえ、産業革命が成熟して労働階級に時間と金銭の余裕が発生したという、いくつかの要因が重複した時期に敏感に反応したクックの企画能力の成果であることは確実です。

しかし、二一世紀になりインターネットで予約ができるようになり、トーマス・クック会社の業績は悪化し、二〇一九年九月二三日に破産申告をしました。同社の手配で旅行をしていた一五万人もの人々が各地で足止めされ、イギリス政府が「マッターホルン作戦」で手配した航空機により、それらの旅客は無事帰国できましたが、一七八年の歴史のある世界最古の旅行会社は消滅し、現在、オンライン旅行会社としての再生が進行しています。

保科正之

徳川幕府を発展させた名補佐役

（1611-73）

名経営者には名補佐役

社会には名経営者は多数存在しますが、その業績の裏側には名補佐役とされる脇役が貢献していたことが多々あります。本田技研工業の躍進は創業した本田宗一郎の卓越した開発能力が基礎ですが、名補佐役の藤澤武夫が存在しなければ世界有数の企業には発展できませんでした。本田がアメリカの自動車殿堂入りとなって帰国したとき、藤澤の位牌に「これは二人で受賞した」と伝達した逸話が関係を物語っています。

松下電器産業（現在のパナソニック）を創業した松下幸之助と高橋荒太郎や東京通信工業（現在のソニー）を創業した井深大と盛田昭夫の関係も有名です。アメリカでもフォード・モーターを創業したH・フォードを技術と経営の両面で補佐したC・ソレンセンなど、数多くの名補佐役が存在しています。しかし、政治の世界にも名補佐役は多数存在します。今回は徳川幕府の初期の名補佐役であった保科正之《ほしなまさゆき》を紹介します。

家康・秀忠・家光

一六〇〇年の天下を二分する関ヶ原の合戦に東軍の大将として勝利した徳川家康は征夷大将軍となり、〇三年に江戸に徳川幕府を開府、二六〇年以上継続する江戸時代を実現します。しかし家康は二年で引退、三男の秀忠を二代将軍にして世襲制度を確立します。ところが豊臣秀吉の三男の秀頼と母親で秀吉の側室淀殿による大坂冬の陣（一四）と大坂夏の陣（一五）が勃発、家康は再度、戦闘を指揮し勝利します。

この内戦を契機に、家康が主導して、幕府は一六一五年に朝廷と公家の関係を規定する「禁中並公家諸法度」、大名の行動を規制する「武家諸法度」、大名の居城以外の城郭の破壊を命令する「一国一城令」を制定します。翌年の家康の死去を契機に秀忠は実権を掌握し、幕府の内部を強固にするとともに、全国の大名の統制を強化して社会を安定させ、二三年に次男の家光を三代将軍にして引退します。

家光の優秀な側近たち

家光の母親はNHK大河ドラマ『江・姫たちの戦国』の主役である江《ごう》、もしくは小督《おごう》や江与《えよ》といわれる女性です。彼女は浅井長政の三女で、長姉は豊臣秀吉の側室で三男の秀頼とともに自害した淀殿、次姉は小浜藩主京極高次の正室です。小督は尾張佐治一族の佐治一成《かずなり》と結婚しますが、秀吉に離縁させられ豊臣秀勝と結婚、さらに二代将軍となる徳川秀忠と結婚し、戦国時代の政略結婚を象徴するような女性でした。

家光の「古来より数多くの将軍がいるが、自分ほど果報の人間はいない、右手に忠勝、左手に信綱」という言葉が記録されていますが、側近の老中には、才知にあふれて知恵伊豆ともいわれた川越藩主の松平信綱、家光からの加増を二度も辞退した初代小浜藩主の酒井忠勝がいました。さらに後世「松平や酒井は政治の器量がなく、あるのは忠秋のみ」と評価された下野壬生藩主の阿部忠秋も存在しましたが、もう一人が保科正之です。

高遠藩主の養子となる

戦国時代から江戸時代にかけては、それほど特別のことではありませんが、正之の出生は複雑でした。二代将軍秀忠が江戸近郊での鷹狩りのとき、乳母の侍女の志津(静)を妊娠させ、江戸神田白金の屋敷で一六一一年に出産したとされています。三代将軍家光とは異母兄弟になりますが、当時の武家の風習で、下級女中は江戸城内では出産せず、誕生した子供もしかるべき家柄の女性が養育する風習があり、武田信玄の次女の見性院《けんしょういん》に養育されました。

幼名は幸松と名付けられた正之は七歳になった一六一七年に養母の見性院の差配で武田信玄の家臣であった高遠藩主保科正光の養子となります。まだ幸松であった正之は養母とともに高遠城内に用意された新居で成長します。正光には以前から養子が一人存在していましたが、将軍の子供という格違いの正之を後継とするとともに、いずれ正之を父親の二代将軍秀忠に対面させたいと願望し、そのような内容を遺言に記載していました。

実兄の家光に面会

当初、三代将軍家光には正之の存在の情報が到達していませんでしたが、家光が身分を不詳にして鷹狩りに出掛けた帰路に目黒の成就院《じょうじゅいん》で休憩したとき、建物内部に立派な絵画があるので住職に質問したところ、保科肥後守殿（正之）の母上（見性院）の支援によると紹介され、さらに肥後守殿は将軍（家光）の弟君であるのに、領地もわずかで貧乏な生活をしていると説明され、実弟の存在を確認したと伝承されています。

そのような経緯から、正之は一八歳になった一六二九年に長兄になる家光に対面、次兄の徳川忠長とも面会します。そして二年が経過した三一年に幕府から出府を下命され、存命であった実父の秀忠から「肥後守信州高遠藩三万石相続」の上意があり、名前も保科正之に改名して義父の正光の後継として高遠藩主になります。二一歳でした。翌年に秀忠、三四年に忠長が逝去すると、家光は正之を可愛がるようになります。

家光に厚遇される正之

家光の周囲には酒井忠勝、松平信綱、阿部忠秋など有能な幕閣がいましたが、家光は正之を引立て、芝増上寺に秀忠の墓所を建設する役目に任命、家康の一七回忌で家光が日光東照宮に参詣するときには同行させています。さらに一〇万石以上の大名にしか資格のない従四位下に任命しただけではなく、桜田門外に屋敷を付与し、頻繁に江戸城内に参上できるような手配もし、政務に参加できる下地を用意しました。

正之は謙虚な人柄で、高遠藩主として家光に謁見するとき、多数の大名の末席に位置しました。すでに家光の弟君であることは噂話になっており、同席する大名から上座へ移動するよう推挙されますが、自分は小藩の藩主で若輩だからと末席から移動しなかったという逸話もあります。このような態度に家光はますます正之に好感をもちますが、同様の精神で高遠でも善政をしたため、領民も正之を敬愛していました。

会津藩内での善政

一六三六年には出羽国山形藩二〇万石を拝領し石高が一気に七倍になります。高遠の領民は正之を慕い、約三〇〇〇人が土地や家屋を放棄して山形へ移動したほどでした。四三年には陸奥国会津藩二三万石の大名になりますが、それ以前の過酷な年貢を減税した結果、領民は秘匿していた水田を申告するようになり、収量が増加しました。さらに飢饉対策として食料を備蓄したため、会津では幕末まで飢饉による死者は皆無でした。

一六六三年に正之は九〇歳以上の老人に年金を支給する「養老扶持」を創設します。世界最初の年金はプロイセン王国でビスマルク首相が一八八九年に創設した「年金保険」とされていますが、それより二二六年前のことです。これら善政は家光に評価され、それへの感謝として正之は六八年に「会津藩は将軍家を守護すべき存在」を一条とする「会津家訓一五個条」を制定しますが、これが戊辰戦争で会津が幕府を最後まで守護して賊軍とされる背景となります。

明暦の大火（江戸火事図巻）

明暦の大火で手腕を発揮

一六五一年に病床にあった家光は見舞った正之に将軍と同格の萌黄の衣装を付与し、保科には代々萌黄の着用を許可します。そして間際のときには枕許の正之に四代将軍となる息子家綱の後見を依頼します。家光時代にも、当主の急死に対応する末期養子の禁止緩和、先君への殉死禁止、大名の妻子を江戸に在住させる大名証人制度廃止などの改革をしてきましたが、正之が本領を発揮したのは明暦の大火への対応でした。「明暦の大火」（一六五七）は「明和の大火」（一七七二）、「文化の大火」（一八〇六）とともに江戸三大大火とされ、旧暦一月一八日に発生しました。午後二時前後に本郷の寺院から出火、約三万人が死亡しました。さらに翌日午前一〇時頃に小石川伝通院付近から出火、江戸城天守閣も消失する大火になります。夕刻になってから麹町からも出火して被害が拡大、死者合計は一〇万人という災害でした。

この火急のときに正之は本領を発揮します。江戸城天守閣に飛火したため、老中などは将軍を城外に避難させようとしますが、将軍が移動すれば江戸の治安が維持できないと城内に滞在させます。また被災した庶民を救済するために幕府が備蓄していた米を放出して六箇所で炊事をして食事を提供します。さらに幕府の金庫から一六万両（約二〇〇億円）を拠出して復興資金として身分に関係なく援助もしています。

当座の問題を片付けてから、災害の再発防止のため江戸の改造に着手します。これまで主要道路は六間（約一一メートル）でしたが、九間（約一六メートル）に拡幅するとともに、延焼防止のため各地に空地を用意、多数の人々が隅田川沿いで行手を阻止され焼死したため、対岸の下総に移動できる約二〇〇メートルの両国橋を新設しました。大名や旗本の屋敷、寺院の敷地を移転して区画整理も遂行しています。

最大の課題が消失した江戸城天守閣の再建でした。五層五階地下一階という日本最大の城郭で、徳川幕府の権威の象徴でしたから再建を主張する老中などが主流でしたが、天守は防御の目的には役立たず、高所から天下を遠望するために利用されているだけであるから、市街の復興が急務である時期に天守を建造すれば、資材の高騰や職人の不足により庶民の住宅建設を阻害すると主張し、再建の着手も禁止しました。

正之は幕府の発展に多大の貢献をしましたが、私的には幸福な人生ではありませんでした。生涯に六男九女が誕生しますが、当時の医療事情から、七人は夭逝、三人は大名の正室になるものの、いずれも短命でした。幕府より松平を名乗るよう推挙されたときも、養父の保科正光への恩義から固辞し、生涯、保科を名乗って、六一歳で江戸の藩邸で死去しました。武士としての精神を生涯貫徹した清々しい人生でした。

月尾 嘉男　つきお よしお

1942年生まれ。1965年東京大学工学部卒業。工学博士。

名古屋大学教授、東京大学教授などを経て東京大学名誉教授。2002－03年総務省総務審議官。コンピュータ・グラフィックス、人工知能、仮想現実、メディア政策などを研究。全国各地でカヌーとクロスカントリースキーをしながら、知床半島塾、羊蹄山麓塾、釧路湿原塾、信越仰山塾、瀬戸内海塾などを主宰し、地域の有志とともに環境保護や地域振興に取り組む。

主要著書に『日本　百年の転換戦略』（講談社）、『縮小文明の展望』（東京大学出版会）、『地球共生』（講談社）、『地球の救い方』『水の話』『先住民族の叡智』（遊行社）、『１００年先を読む』（モラロジー研究所）、『誰も言わなかった！本当は恐いビッグデータとサイバー戦争のカラクリ』（アスコム）、『日本が世界地図から消滅しないための戦略』（致知出版社）、『幸福実感社会への転進』（モラロジー研究所）、『転換日本 地域創成の展望』（東京大学出版会）など。最新刊は『清々しき人々』（遊行社）。

凛々たる人生
志を貫いた先人の姿

2021年４月１日　初版第１刷発行

著　者　月 尾　嘉 男
発行者　本 間　千 枝 子
発行所　株式会社遊行社

160-0008 東京都新宿区四谷三栄町5-5-1F
TEL　03-5361-3255
FAX　03-5361-1155
http://yugyosha.web.fc2.com/
印刷・製本　創栄図書印刷（株）

ISBN978-4-902443-56-1